\無料で／
\カンタン！／

儲かる飲食店に変わる

「Google マイビジネス」 超集客術

Google My Business
How to Attract More Customers

戎井一憲 著
染谷昌利 監修

日本実業出版社

はじめに

　2014年6月に公開された「Googleマイビジネス」は、お店で商売をやっている方が、Google検索やGoogleマップへ店舗の情報を表示するための登録システムです。
　アメリカでは「Small Bussiness」と表現される、日本語では「小さなお店」を経営している方向けのウェブサービスになります。

　たいていの人は登録されたお店の情報を、検索結果やGoogleマップで見たことがあるかと思います。しかし、私がこのサービスをセミナーで紹介したり、実際に商店主の方と話したりしていると、Googleマイビジネスというサービス名称をご存じの方はまだまだ少ないように思います。そんな知名度の低さとは裏腹に、情報を露出するスペースや表示する内容は、すでにあるグルメサイトを凌駕していると私は感じています。
　本書を書こうと思ったのは、Goolgeアナリティクス、SEO対策、SNS活用の本があふれる中、Googleマイビジネスにテーマを絞った本が日本では皆無だったからです。

　日々の業務に忙殺され、インターネットでの情報発信まで行き届かない商店主の方も多いでしょう。よくわからないから、店に来るグルメサイトの営業さんにいわれるがままグルメサイトの有料会員になったり、ウェブサイトを作ったりする方もいると思います。
　そんな方にこそ、Googleマイビジネスという無料ではじめられるウェブサービスを知ってほしいのです。
　まず、Googleマイビジネスからはじめて、次にSNSで発信し、それでもまだ時間と宣伝費をかけることができるのであれば、ウェブサイトを作成したり広告を出したり、という段取りを私はおすすめしています。

　本書では、Googleのサービスを利用するときに必ず必要になるGoogle

アカウントの取得から説明をしています。第3章まで読み進めると、Googleマイビジネスへの登録は完了です。

さらに利用方法を極めるために、そのまま第4章、第5章を読み進めていってください。

Googleマイビジネス以外の登録サービスやSNSのことを先に押さえておきたいのであれば、第6章，第7章の順に読み進めてください。

最後の第8章では、ブログを使って集客をはじめたい人向けに、ブログサービスの選び方や読まれる記事の考え方を紹介しています。

最後に、本書で紹介しているウェブサービスや参考サイトの一覧などは「Gmb.tokyo」(https://www.gmb.tokyo）にて補足情報として公開していますので、あわせてご覧ください（QRコードを下記に記しますので、こちらからもご覧いただけます）。

本書をきっかけに、あなたがGoogleマイビジネスをはじめて儲けていただくことを願ってやみません。

「Gmb.tokyo」QRコード

儲かる飲食店に変わる
「Google マイビジネス」超集客術

CONTENTS

はじめに　1

Googleマイビジネスは無料で効果の出やすい集客ツール

1-1
路地裏の目立たなかった焼き鳥屋が繁盛店になった！……12
- ▶なかなかお客様に認知されずにいたお店が……　12

1-2
Googleマイビジネスはこのように表示される……16
- ▶スマートフォンではこう表示される！　16
- ▶PCではこう表示される！　17

1-3
今どきの検索サイト事情はGoogle一強……20
- ▶検索サイト事情を調べてみると……　20
- ▶検索エンジンのシェアを年代別に見る　21

1-4
分析画面「インサイト」紹介……23
- ▶使いやすい分析機能が備わっている　23
- ▶「お店が何回検索されたか」を見る　23
- ▶お客様がとった行動を見る　24
- ▶自分が載せた写真の数を見る　24

Column Googleマイビジネスでお店への予約機能（Googleで予約）を使うには　26

Googleマイビジネスに登録するには？

2-1
事前に準備しておくこと ……………………………………………………30
- ▶Googleマイビジネス用のGoogleアカウントを作成しよう　30
- ▶お店の情報の整理（お店の名前、住所、電話番号を再確認）　34
- ▶Googleのガイドラインに沿って入力しよう　36
- ▶登録する情報を書き出してみよう　41

2-2
Googleマイビジネスに登録しよう ……………………………………42
- ▶「登録の手段」は3通りある　42
- ▶「登録の方法」は2通りある　43
- ▶お店の情報が検索結果に出てくるか確認しよう　43
- ▶オーナーの確認方法（お店の存在確認）　45
- ▶確認コードを入力する　47

Column Google Mapsに登録できたら、「マップ」にも登録しよう　50

Googleマイビジネスでお店の「ウェブサイト」を作ろう

3-1
ウェブ知識ゼロでもすぐに自店のウェブサイトができた！ ……54
▶「ウェブサイトを作らなきゃ……」が一気に解消される　54

3-2
自店のウェブサイトがあっという間に完成 …………………56
▶登録内容から自動的に作成される　56
▶「テーマ」でサイトのイメージを選択する　58
▶「編集」で詳細情報を登録する　59
▶写真を登録する　61
▶公開する　62
▶営業時間・カバー写真の変更　66

3-3
ウェブサイトのドメインとは？ ……………………………70
▶ドメインって何？　購入したほうがいいの？　70
▶Googleのドメインサービス、Google Domains　72

3-4
費用をかけて作成する独自のウェブサイトは本当に必要なのか？…74
▶集客を独自のウェブサイトに期待するのはやめよう　74
▶集客の手段をすべて検討してみよう　74
▶ウェブサイトにたどり着くまでの過程を確認しよう　76
▶無料ホームページ作成サービスは要注意！　78

Column　宿泊業の方は要注目のGoogle Travel　80

「投稿」「口コミ」「写真」で何ができる？

4-1
「投稿」機能を活用して最新情報を発信する……84
- ▶ 投稿機能とブログ、ウェブサイトをうまく連携されている好例　84

4-2
「投稿」を使えば「お知らせ」を検索結果に表示できる……87
- ▶「投稿」機能で最新情報を伝えよう　87
- ▶ SNSの投稿との違いは何か？　89
- ▶ 投稿する方法は簡単　90
- ▶ 投稿には2つのオプションがある　94

4-3
「口コミ」を投稿したユーザーに返信しよう……96
- ▶「口コミ」とはGoogleアカウントを持っている人のレビューのこと　96
- ▶ 口コミに返信するには？　98
- ▶ 投稿された口コミには誠実に返信しよう　100
- ▶ 口コミの削除を依頼する　101

4-4
「写真」をたくさん登録しよう……104
- ▶ 写真の量が重要視されている　104
- ▶ 写真の登録方法と表示される場所　106
- ▶ 登録できる写真の条件とカテゴリー　107

Column 複数店舗の登録をするには？　111

第5章 分析機能「インサイト」で効果を把握する

5-1
「インサイト」とは何か？ ……………………………………………… 114
▶ 6つの視点で分析する　114

5-2
ユーザーがどのように検索し結果を目にしているかを知る …… 116
▶ ①ユーザーの検索動向を知る　116
▶ ②ユーザーのリアクションを知る　118
▶ 混雑する時間帯　120
▶ ③写真の投稿が十分か把握する　123
▶ 写真の枚数　124

Googleマイビジネス以外の ウェブサービスにも登録しよう

6-1
Googleマイビジネスは他のウェブサービスを巡回している……128
- ▶Googleマイビジネスに他のウェブサービスが付加された
  飲食店の例　128
- ▶Googleマイビジネスに他のウェブサービスが付加された
  ライブハウスの例　129
- ▶他のウェブサービスの情報が紐づけられる仕組み　130
- ▶紐づけてもらうために「NAP」に気を配る　132

6-2
店舗情報が登録できるウェブサービスとは？……………………133
- ▶グルメサイト4強とは？　133
- ▶その他の店舗情報を登録できるグルメサイト　135

6-3
飲食店以外の店舗も登録できるウェブサービスとは？…………136
- ▶無料で登録できるウェブサービスの数々　136

6-4
海外からのお客様にアピールするときに登録するウェブサービス……138
- ▶中国語圏、英語圏のお客様へアピールするには？　138
- ▶百度地図APP（Baidu Maps）に登録する　138
- ▶GoJapan（去日本）に登録する　140
- ▶トリップアドバイザーに登録する　141

Column　トリップアドバイザーはあらゆる国と地域を網羅している　144

第7章 SNSでの集客も押さえておこう

7-1
どのSNSを使ったらいい? 150
- ▶ 主要なSNSの利用者数と利用者の特徴を把握しよう　150
- ▶ 顧客ターゲットが40代以下なら、SNSは使ったほうがいい　152

7-2
Instagramを活用しよう 153
- ▶ Instagramでは何ができる?　153
- ▶ Instagramを商売で使う「ビジネスプロフィール」　154

7-3
Facebookでお店のページを作ろう 159
- ▶ Facebookはすでにつながっている人への告知手段　159
- ▶ Facebookページを作成してみよう　160

7-4
お店のファンになってもらうにはLINE公式アカウント 163
- ▶ LINE公式アカウントとは?　163
- ▶ LINE公式アカウントを作成する　164
- ▶ 友だちになってもらうためには?　167

7-5
Twitterの活用は難易度が高い 169
- ▶ Twitterでは何ができるのか?　169
- ▶ Twitterでの集客法とは?　170

第8章 ブログでも集客をはじめたくなったら？

8-1
最良の選択は「独自ドメイン＋WordPress」 ……………… 174
- ▶ブログをはじめることはウェブサイトを作成することと同じ　174
- ▶独自ドメインを取得する　174
- ▶ドメイン取得とレンタルサーバーの用意をする　176
- ▶当分の間はWordPress一択で間違いなし！　177
- ▶独自ドメインの取得方法　178
- ▶レンタルサーバーを借りてWordPressをインストールしよう　184

8-2
WordPressで挫折した場合、どのブログサービスを選んだらいい？ … 188
- ▶ブログサービスを選ぶポイントは？　188
- ▶おすすめは、はてなブログPro　189

8-3
読まれるブログ記事の書き方 ……………………………… 191
- ▶誰に何を伝えるかを明確にしよう　191
- ▶書く題材はいくらでもある　192
- ▶「仕組み化」すれば書くのが楽になる　195

Column　音声入力は試してみる価値あり　200

おわりに　202
監修に寄せて　204

カバーデザイン　菊池 祐（ライラック）
本文DTP　一企画

第 1 章

Googleマイビジネスは無料で効果の出やすい集客ツール

インターネットでの宣伝方法のひとつのようだから、なんとなく本書を買ってみたという方もいるかもしれません。本章では、Googleマイビジネスでどのようなアウトプットができるのかと、その結果をどのように把握していくのかを説明します。

1-1 路地裏の目立たなかった焼き鳥屋が繁盛店になった！

Googleマイビジネスをはじめたら、閑古鳥が鳴いていたお店にコンスタントにお客様が来るようになった

▶なかなかお客様に認知されずにいたお店が……

　新宿区西早稲田にある「焼き鳥　鳥でん」は、2015年11月にオープンしました。

　丁寧に串打ちした焼き鳥を紀州備長炭で焼き、焼き鳥に合う日本酒を常に研究して仕入れている焼き鳥専門店です。

■図1-1　大通りから路地を入ったところの、さらに半地下で営業

■図1-2　味は間違いないが、お客様に認知されていなかった

　しかし、このお店には悩みがありました。大通りから路地を入ったところの、さらに半地下で営業しているので、なかなかお客様に認知されずにいたのです。有料のグルメサイトに掲載したものの、なかなか集客にはつながりませんでした。

　そんな中、2017年9月に地元のウェブメディアに紹介され、時を同じ

くして店主はGoogleマイビジネスのことを知ります。「費用のかからないGoogleマイビジネスをやらない手はない」と、さっそく店舗情報を登録したところ、徐々にお客様が増えはじめました。

ウェブメディアでの来客は一過性だったものの、そのときに来てくれたお客様の口コミと、それを見聞きした人たちの検索で、来店数が増加しました。さらには、独自に高田馬場・早稲田で「焼き鳥」と検索して来店した人たちも増えたのです。

そんなお客様のみなさんに来店した理由を聞いてみると、「Googleで検索したら上位に出てきたから」といった声が多くあったということです。

■図1-3　直近の四半期（3か月）で5,670回検索された

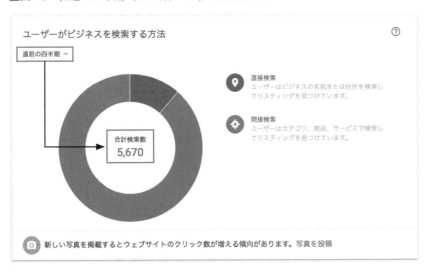

図1-3は店舗名や住所、カテゴリ、サービスで検索された数ですが、直近の四半期（3か月）で5670回です。図1-4は通常の検索と地図で表示された合計の表示回数ですが、1万500回でした。

この数字が多いかどうかは一概にいえませんが、確実にいえることは

■図1-4　通常の検索と地図表示の合計表示回数1万回を超えた

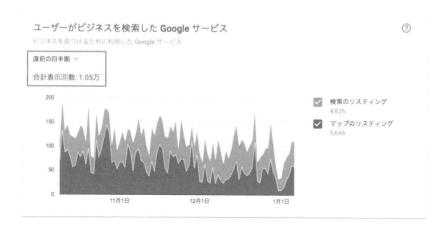

「Googleマイビジネスで店舗情報をウェブに掲載しなければゼロだった」ということです。つまり、店舗情報を登録しなければ発生しない検索回数、表示回数なのです。

図1-5は、その検索や表示回数に対してユーザーがとった行動です。お店までの経路検索が71件、お店に電話があった回数が20回です。

これらがすべて来店につながったかどうかはGoogleマイビジネスだけ

■図1-5　検索や表示回数に対してユーザーがとった行動

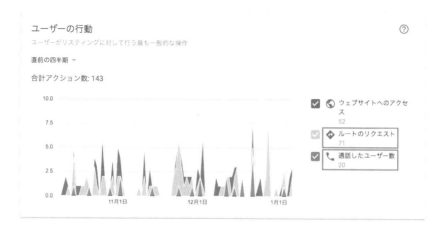

では判定できませんが、登録したことでユーザーの行動に移したということは、まぎれもない事実です。

　さて、こちらの焼き鳥屋さんですが、Googleマイビジネスのデータが示す通り、コンスタントにお客様が来店するお店へと変わりました。店主がGoogleマイビジネスをはじめてからたったの4か月で、お客様がこのお店に行くときは、事前に電話で座れるかどうかといった確認をする必要があるまでの人気店へと生まれ変わったのです。

　Googleマイビジネスは、費用が一切かかりません。一度きちんと店舗情報を登録しさえすれば、あとは簡単な投稿だけでお客様に情報を提供したり、コミュニケーションをとったりすることのできるツールです。
　あなたがこの本を手にとったということは、集客をより効率よくしようと思っているのだと思います。ぜひ、Googleマイビジネスを試してみてください。

1-2 Googleマイビジネスはこのように表示される

「Google マイビジネス」の表示、実はほとんどの人が見たことがあるのでは？

▶スマートフォンではこう表示される！

例えば、外出先のランチでカレーが食べたくなったとき、スマホで「カレー」「カレー　高田馬場（地名）」といった具合に検索すると思います。iPhoneのSafariというブラウザを使って検索した場合、図1-6のように表示されます。

「この画面を見たことあるな」という人も多いのではないでしょうか。この検索結果の表示は、実は食べログやホットペッパー、ぐるなびやRettyよりも上にあるということをご存じでしょうか？

図1-6の地図の画面には赤いマークが3つ表示され、その下にカレー屋の3店舗の店名、評価などが表示されています。よく、ウェブサイトを作成したら、検索結果の上位に表示されなければ意味がないという話を聞くと思いますが、この3店はどの検索結果よりも上に掲載されています。

■図1-6　iPhoneで「カレー　高田馬場」と検索した結果

いかがでしょうか。あなたのお店もこの位置に情報が載るようにしたいと思いませんか？

この位置に掲載するための仕組み、それがGoogleマイビジネスなのです。

▶PCではこう表示される！

「PCだとスマートフォンのようには表示されないのでは？」「位置情報はどうするんだ？」と思う方がいるかもしれません。ここで、著者である私の事務所から検索した結果を紹介したいと思います。

私の事務所は、東京都新宿区高田馬場1丁目にあります。PCで「カレー」と検索した場合、まずは図1-7のような結果が表示されました。検索結果のところにはJR山手線の隣の駅、新大久保駅寄りのお店が表示されています。このカラクリを説明します。

※同じ地域を舞台にすることで連続性を定点的に観測することができるため、新宿区高田馬場にあるお店の事例を多く紹介します。

■図1-7　PCで新宿区高田馬場から「カレー」と検索したときの表示結果

インターネットに接続するにはインターネットサービスプロバイダ（ISP）と契約して接続してもらう必要がありますが、ISPに接続する際に割り当てられる情報（IPアドレス、ホスト名）から、PCを操作している現時点のだいたいの位置がわかるのです。
　そのため、自分がPCで検索しているだいたいの位置から、図1-7のような地図が表示されるのです。

　次に、検索結果の一番下のところ、「現在地を更新」をクリックすると、現在地の表示が「新宿区、東京都」から「高田馬場、新宿区、東京都」に更新されました（図1-8）。
　あらためて「カレー」と検索したのが、図1-9です。先ほどスマートフォンで検索したものと同じになりました。
　PCにも位置情報サービスが実装されており、この機能をオンにしていると、より正確な位置情報とともに検索されるのです。この位置情報は、無線LANのWi-Fi機器の微弱電波を利用してどこにPCがあるのかを判定しています。Wi-Fi機器の多い都市部だとより正確に場所判定でき、誤差は5〜100m程度のようです。ですから、PCでの検索も、検索ワードと位置情報は切り離せなくなっているのです。

■図1-8 「現在地を更新」をクリック

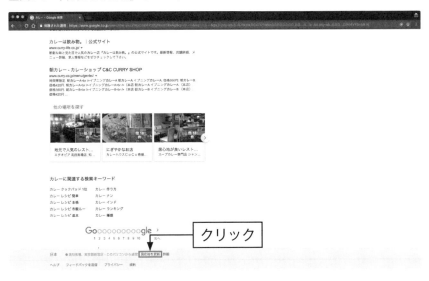

■図1-9 「現在地を更新」をクリックして、あらためて「カレー」と検索

1-3 今どきの検索サイト事情はGoogle一強

今や検索エンジンはGoogle一強の時代。全世界の検索エンジンシェアの9割を占めている

▶検索サイト事情を調べてみると……

インターネット黎明期の検索エンジンといえば、Yahoo!が主流でした。しかし、今どきの検索サイト事情は違います。まずは、図1-10を見てください。

全世界での検索エンジン（検索サイト）のシェアがわかるウェブサイト、statcounterというサービスから引用したものです。PC、タブレット、スマホ、すべての端末での検索エンジンのシェアを見ると、Googleは90

■図1-10　全世界の検索エンジンのシェアがわかるウェブサイト、statcounter

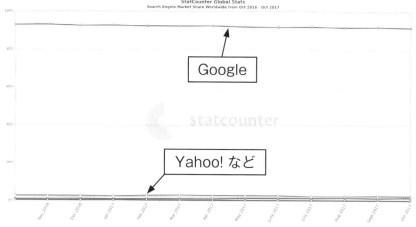

％以上なのに対して、Yahoo!は２％程度です。この差が縮まっていくことは、なかなか難しいというのが現実でしょう。

　図1-11は、日本での検索エンジンのシェアです。全世界の比率で見るとYahoo!のシェアは高いのですが、それでもGoogleが圧倒的です。日本のYahoo!はポータルサイト的な性格が強く、純粋に検索目的でのシェアは比べることが難しいと思われるので、検索用途に限れば、実際はもう少しGoogleのシェアが多いことが想像できます。

■図1-11　日本での検索エンジンのシェア

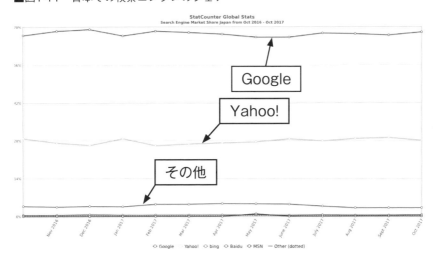

▶検索エンジンのシェアを年代別に見る

　Googleのシェアが圧倒的であることは理解できたかと思います。でも、「まだ日本は３割もGoogleを使用していないじゃないか」という方がいるかもしれませんが、図1-12を見てください。

　公的な資料を探しましたが、そのものズバリの資料がなかったので私が自分のブログから集計したものです。私はブログと会社のサイトを同じドメインで運営しています。こちらの2016年11月から１年間のアクセ

ス解析を集計して、年代別の検索エンジンシェアを割り出してみました。

　正確にいうと、ブログや会社のサイトに流入してくる閲覧者の参照元によって、訪問者がどのサイトから見に来ているのかを抽出して集計しました。もちろん、SNSなどからの流入もあるため、それらを除いた検索サイトからのアクセス分での検索サイトごとの割合となります。

■図1-12　年代別に見る検索エンジンのシェア率

年代	Google	Yahoo!	Bing	年代別アクセスの割合
18-24	71.6%	27.7%	0.7%	14.3%
25-34	76.3%	23.0%	0.7%	37.2%
35-44	69.1%	30.3%	0.6%	31.2%
45-54	57.3%	41.9%	0.8%	12.3%
55-64	49.1%	49.3%	1.6%	3.8%
65+	37.3%	59.5%	3.1%	1.3%
総計	69.5%	29.8%	0.7%	100.0%

　年代別の特徴としては、55歳以上の訪問者はYahoo!がGoogleより上回っていますが、その他の世代はGoogleが上回っています。

　もともと、55歳以上の検索エンジン経由でのアクセスの割合は5.1%です。私のブログや会社のサイトの性質上、主に20〜30代の方がアクセスするので偏りはあると思いますが、より上の世代の方のインターネット利用、検索エンジンの利用割合は、若い世代の方に比べてかなり低いと思われます。

　このデータからわかることは、「あなたの商売の対象年代が55歳未満なら、インターネットで情報を露出する先はGoogleを優先したほうがいい」ということです。逆に、55歳以上の方がターゲットなら、アナログな従来の宣伝方法も並べて検討した上で選択したほうがいいでしょう。

1-4 分析画面「インサイト」紹介

Googleマイビジネスに備わっている分析機能「インサイト」を知ろう

▶使いやすい分析機能が備わっている

Googleマイビジネスでは、お店の情報の表示だけでなく、「お店の情報がどれぐらい検索されたか、表示されたか」「その表示を見てどのようなアクションがとられたか」ということを、分析機能「インサイト」で把握することができます。詳しい見方・使い方は第5章で紹介しますが、この節ではインサイトでどのようなことが把握できるのかを、Googleマイビジネスのアプリで見ていきましょう。

■図1-14 最初に表示される「ユーザーがビジネスを検索する方法」

▶「お店が何回検索されたか」を見る

アプリを起動して一番上に表示されるのが、「ユーザーがビジネスを検索する方法」です（図1-14）。お店の情報が検索されて表示された回数を、「1週間／1か月／四半期」の期間設定で確認できます。直接お店の名前や住所を検索された回数と、お店に設定したカテゴリなどで検索した回数の、2種類の数値が確認

■図1-15　ユーザーがビジネスを表示したGoogleサービス

■図1-16　ユーザーの反応

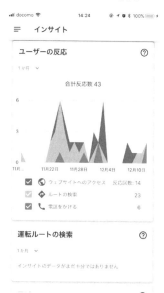

できます。

「ユーザーがビジネスを表示したGoogleサービス」は、Google検索の結果お店の情報が表示されたのか、Googleマップ上に表示されたのかが、日ごとにグラフで表示されます（図1-15）。

▶お客様がとった行動を見る

「ユーザーの反応」と「電話」では、ウェブサイトへのアクセス数や、店舗情報の表示欄にある「経路案内」がタップされた回数、電話番号をタップして電話をかけた回数が日ごとに集計され表示されます（図1-16、図1-17）。

▶自分が載せた写真の数を見る

「写真の表示回数」と「写真枚数」は、お店としてGoogleマイビジネスにアップロードした写真枚数と、その表示回数の推移を表示します（図1-18、図1-19）。

　検索して表示された結果は、一般的に文字よりも写真のほうがより多く見てもらえるといいます。Googleは掲載された写真件数が多いほどよりユーザーに役立つと考えていて、そうした側面からも写真の表示回数と掲載枚数をグラフで確認できるようになっています。

■図1-17　電話

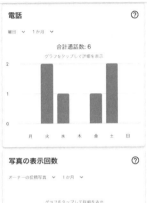

■図1-18　写真の表示回数

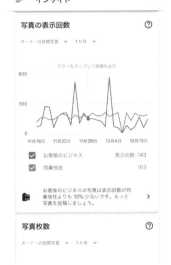

■図1-19　写真枚数

Column　Googleマイビジネスでお店への予約機能（Googleで予約）を使うには

2018年10月のぐるなびを皮切りに、日本でも予約機能が利用できるようになりました。

予約機能は、Googleが単独で提供する機能ではなく、ぐるなびなど予約機能システムを提供している外部のシステム会社（Google対応スケジュール管理システムプロバイダ）と連携する方式がとられています。

飲食店の場合、ぐるなびのほか、TORETA、ResDialy、e-Tenderが利用可能です（2019年8月現在）。ただし、ResDialyとe-Tenderは日本国外のシステムプロバイダです（図A）。連携できるシステムプロバイダはこれからも増える予定で、「Googleで予約」のパートナーのページ（https://www.google.com/maps/reserve/partners）から確認できます。

■図A　予約メニューを選びとプロバイダの選択画面が表示される

予約は、飲食業ではない業種でも利用可能です。Google 予約では、利用業種のカテゴリが、美容、フィットネス、レストラン、おすすめスポットの4つに分かれており、美容とフィットネスでは、スタイリストやトレーナーを指名しての予約も可能です。レストラン以外では、Google Pay、Google アカウントに紐づけされているクレジットカードでの事前決済が可能です。

おすすめスポットは、美術館や博物館など、入場料が必要な施設で利用できるカテゴリです。現在利用できるシステムプロバイダは日本国外のみですが、Coubic や asoview! などの予約・会員システムを提供する日本国内のシステムプロバイダが利用できるようになる予定です。

たとえば、東京スカイツリーは GetYourGuide というチューリッヒとベルリンに本拠地を置くシステムプロバイダが利用されています。購入画面は今のところ英語表記ですが、Google の検索結果から直接チケットを購入することが可能になっています（図 B，C）。

■図B　東京スカイツリーのナレッジパネル　■図C　チケット選択画面

第 **2** 章

Googleマイビジネスに登録するには？

この章では、Googleマイビジネスを利用するために必要な作業を解説します。すぐにGoogleマイビジネスに店舗情報を登録していきたいところですが、まず登録するために必要な作業を説明してから、登録方法を説明します。大まかな流れを理解してから登録していきましょう。

2-1 事前に準備しておくこと

まずは Google アカウントを作成し、Google マイビジネスに登録したい情報を整理しておこう

▶Googleマイビジネス用のGoogleアカウントを作成しよう

　まずは大前提として、Googleのアカウントを作成する必要があります。Googleのアカウントと、Googleの無料メールサービス「Gmail」のメールアドレスを持っていることは、同じ意味です。ですから、Gmailを持っていれば、そのメール（アカウント）をそのまま利用することもできます。

　Googleのアカウントは無料で取得することができます（すでにGoogleのアカウントを持っている方は、この項を飛ばして次節「2-2 Googleマイビジネスに登録しよう」に進んでください）。

　このGoogleアカウントが、Googleマイビジネス、そしてその他のGoogleのサービスをお店として使うときのアカウントになりますが、ここで事前に注意しておきたいことがあります。
　例えば、Googleマイビジネス上でお店のスタッフにも情報の更新や投稿を任せる際、Gmailがプライベートで使っているメールアドレスの場合、メールの内容もスタッフが見ようと思えば見ることができる状況になるのです。
　そのため、お手持ちのGmailがプライベートで利用しているメールアドレスであれば、この際、Googleマイビジネスの管理用としてGoogleのアカウントを作成することをおすすめします。

それでは、ここからはスマートフォンのウェブブラウザを使って Googleアカウントを作っていきます（紙面ではPC上でChromeを利用した画面を使いますが、基本的には他の環境でもほとんど変わりません）。

スマートフォンでウェブブラウザを起動してください。ウェブブラウザはSafariかChromeをおすすめします。ブラウザが起動したら、上部の入力窓に「Google　アカウントの作成」と入力して検索してください（図2-1）。以下のURLを直接入力してもらってもかまいません。

・Google アカウントの作成
　https://accounts.google.com/SignUp?

図2-1　ウェブブラウザを起動して「Googleアカウントの作成」と入力

ウェブブラウザがSafariかChromeの場合、検索結果の一番目に「Googleアカウントの作成」と表示されます（図2-2）。

■図2-2　検索結果の一番目に「Googleアカウントの作成」と表示される

「Googleアカウントの作成」をタップすると、Googleアカウントの作成画面が表示されます（図2-3）。

名前、ユーザー名、パスワードなどを入力していきますが、ここから1項目ごとに内容を説明していきます。

・**名前**

ここに入力するのは、お店の名前ではありません。登録するお店の店主名など、責任者の個人名を入力してください。Googleマイビジネス管理者のアカウントになります。

・**ユーザー名**

「○△○△@gmail.com」という、今回アカウント作成とともに作られるGmailの「○△○△」部分になります。利用できる文字は半角英数字と半角ピリオドのみです。

・**パスワード**

半角、英数字、記号で8文字以上が必要です。

■図2-3 Googleアカウントの作成画面が表示される

・**生年月日**

必須項目です。実際の生年月日を登録してください。Googleアカウントを作成するには居住する国ごとに年齢条件があり、日本は13歳以上が条件です。この他、ここで設定した生年月日からはじき出される年齢により、利用できるサービスやYouTubeの閲覧年齢規制が適用されます。以下に年齢条件が詳しく書かれています。

・Google アカウントの年齢条件
 https://support.google.com/accounts/answer/1350409?hl=ja

・**性別**

必須項目です。

「携帯電話番号」「メールアドレス」は登録必須項目ではありません。ただし、こちらで登録した連絡先はパスワードを忘れてしまったときのリセットに利用するときなどに使われます。携帯電話番号は本人の番号

を入れておくことをおすすめします。

「国/地域」は「日本」を選んでください。

入力が済んだら、一番下にある「次のステップ」をタップしてください。入力内容に不備があるとどこに不備があるか表示されるので、その指示に従って修正してください。

次に「プライバシーと利用規約」が表示されます（図2-5）。

■図2-5　「プライバシーと利用規約」の画面

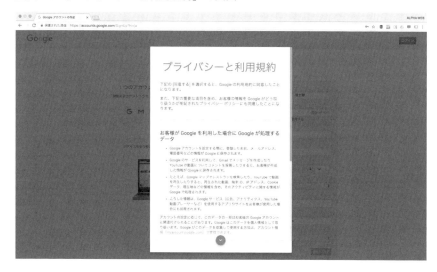

スクロールして一番下まで表示できたら「同意します」というボタンが表示されるので、タップしてください（図2-6）。

これでGoogleアカウントが作成されました（図2-7）。

▶お店の情報の整理（お店の名前、住所、電話番号を再確認）

次に、Googleマイビジネスへの登録の前にやっておくべきことがあります。実際に登録する場面でまごつかないように、そして登録内容にブ

■図2-6 「同意します」というボタンをタップ

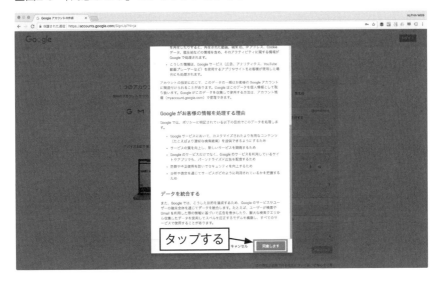

■図2-7 Googleアカウントが作成された

レが生じないように、内容の整理をしておきましょう。
　あらためて自店の情報を見てみると意外とブレがあったりするので、ここで冷静に登録したい情報の整理をしていくことが重要です。

新規登録の場合、図2-8の画面で登録をはじめていきますが、あらかじめ登録する内容を書き出しておくと、登録操作もスムーズです。ここからは、Googleマイビジネスを利用して最良の結果を出すために、情報の整理のコツを紹介します。

▶Googleのガイドラインに沿って入力しよう

「店名（Name）」「住所（Adress）」「電話番号（Phone）」が登録する情報の基本であり、最重要事項です。Googleマイビジネスの用語として、3つの頭文字をとって、「NAP」と呼ばれています。

Googleでは登録する内容に関してガイドラインが定められています。このガイドラインに沿わないと、Googleによって情報の表示が停止されることもあります。ここは重要な部分なので、定めている内容の要点に沿って、順に説明していきます。

・Google に掲載するローカル ビジネス情報のガイドライン
　https://support.google.com/business/answer/3038177

①**登録する店名（ビジネス名）は簡潔にしよう**
　店名欄には、基本的に店名のみを登録します。キャッチコピーや住所、電話番号などをつけ加えることはできません。
　例えば、「高田馬場の旨い唐揚げ居酒屋・とさか」とショップカードや看板に書いていたとしても、そのまま使えません。「高田馬場の」という住所、「旨い唐揚げ」というマーケティング的な文言がNGになるからです。

②**住所表記の「表記のゆれ」をなくそう**
　ひとつの実在する店舗に関して、その住所を正確に登録します。複数の店舗がある場合は、それぞれをGoogleマイビジネスに登録できます。

■図2-8　お店情報の登録画面

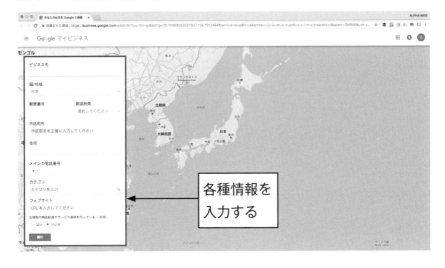

　住所の表記はGoogleマイビジネスだけでなく、店舗登録できる他のウェブサービス（エキテンや食べログ）といったお店のショップカードなどとの「表記のゆれ」が生じないようにしましょう。表記のゆれというのは、丁目番地表記の部分が「3丁目4番地8号」としているのか、「3-4-8」としているのか、という問題です。

　Googleでは、他のウェブサービスに登録されている店舗情報とGoogleマイビジネスに登録されている情報が同じ店舗のものだと認識して、その情報に評価の値などの情報を紐づけます。そのとき、まったく同じ表記であればGoogleにストレスなく認識してもらえる利点があるのです。
　すでに他のウェブサービスに登録が済んでいるのであれば、そちらに合わせるのが無難です。そして、もしこれから登録するのであれば、視認性などを考えると「3丁目4番地8号」とするよりも、「3丁目4-8」もしくは「3-4-8」とするほうがいいでしょう。
　番地表記に限らず、地名表記もあらためて確認してみましょう。例えば、東京都中野区にある鷺宮（さぎのみや）は、地名は「鷺宮1丁目」などと表記しますが、最寄りの駅名は「鷺ノ宮駅」と「ノ」を表記しま

す。新しくビジネスをはじめる際には、地名の表記に間違いがないか、しっかり確認しておきましょう。

③固定電話の番号を使おう

お店の固定電話の番号を登録してください。Googleの公式発表にはありませんが、Googleマイビジネスのヘビーユーザーのみなさんは固定電話を登録するようにすすめています。なぜかというと、固定電話はお店の実在確認につながるからです。090や080の携帯電話の番号では、その場所に実在する材料にならないため、固定電話の番号を登録したほうがよりいいという理由からです。

「固定電話の回線は引きたくない」「すでに携帯電話を利用しているのでコスト増になってしまう」という方は、03や06の番号を取得して携帯電話に転送するサービスを導入して、その電話番号を利用するのもひとつの手です。

03や06以外の番号にも対応している業者があるようなので、お店がある地域の番号が対応しているか調べてみるのもいいでしょう。ちなみにこれらは楽天コミュニケーションズなどがサービスを提供しています。

・モバイル03電話番号転送サービス
　https://comm.rakuten.co.jp/houjin/asterisk/area/

④適切なカテゴリー（業種）を選択しよう

Googleが用意している選択肢から、合致するものを選択します。こちらもガイドラインの中に詳細な説明があります。カテゴリー選択の要点は、お店の一番のウリは何なのかを明確にして、それに合致するものを選ぶことです。

例えば、ステーキもコロッケも食べられるお店の場合、ステーキハウスを選ぶのか、洋食屋を選ぶのかを選択することになります。複数のカテゴリーを選択することも可能ですが、Googleは数少なく選択すること

を推奨しています。先ほどの例では、ステーキもコロッケもハンバーグも、お好みに応じたメニューを選んで食事をしてほしい「洋食屋」なのか、コロッケも一応メニューにはあるけれどステーキが一番のウリの「ステーキハウス」なのかを明確に決めたほうがいいということです。

　一般的なカテゴリーは、ガイドラインのページからリンクが張ってある、以下のURLから目を通しておくといいでしょう（アラビア語の表が表示される場合は、下部に「ja」のタブがあるので、そちらをクリックして日本語のシートを表示してください）。

・Google My Business Locations Categories
https://docs.google.com/spreadsheets/d/10QhWFmHYhZI7FL7cQZUqkDkRbexPVthEIfp8iibhA3s/edit

　こちらの表には300ほどのカテゴリー名がありますが、これはごく一部の一般的なカテゴリーのみです。実際にはかなりの数のカテゴリーが登録されているので、思い当たるキーワードを順に検索していき、一番近いカテゴリーを選択してください。
　例えば、「カレー」と検索すると、「インドカレー店」「カレー店」「スープカレー店」から選択できます。ラーメンと検索すると「ラーメン屋」の他に、数あるラーメンの中で、なぜか「豚骨ラーメン屋」が選択肢にあらわれます。意外な選択肢が登録されていたりするので、一番しっくりくるカテゴリーを地道に探してみてください。

⑤**営業時間も確認しておこう**
　営業時間もショップカードなどで確認しておきましょう。各曜日ごとに設定できますし、休み時間の設定も可能です。例えば、「月曜日 11:00-14:30 18:00-23:00」のように設定することもできます。

⑥ショルダーネームを考えよう

　先ほど例に挙げた「高田馬場の旨い唐揚げ居酒屋　とさか」の場合、お店の名前は「とさか」、「高田馬場の旨い唐揚げ居酒屋」部分がショルダーネームになります。

　店名だけでは何の店かわからないので、ショルダーネームを適切につけることで、お客様に正しく認識してもらえるようにしていきましょう。

　Googleマイビジネスにお店の情報を登録する際には、このショルダーネームは登録できないと先に書きました。ただし、Googleマイビジネスでお店の情報を登録したあと、その情報をもとにウェブサイトを作成できます。その際、ショルダーネームが決まっていると作成する作業がはかどります。

　これからお店を出す方は、ショルダーネームや店名をつけるときにぜひ検討してほしいことがあります。Googleマイビジネスへの店舗情報を登録する際、ショルダーネームを店名に登録しないほうがいいということをふまえると、「ショルダーネーム的な部分を店名にしてしまえばいい」という考え方ができます。

　有名店を見てみると、「いきなりステーキ」「山本のハンバーグ」「ラーメン二郎」といったネーミングがよくできているということに気づくと思います。どういうことかというと、「いきなりステーキ　高田馬場店」が店名なので、本来Googleマイビジネスのガイドラインに登録してはいけないと書いてあることがGoogleマイビジネスに登録できるのです。

　Googleの検索エンジンのロジックは公開されていませんが、同じくステーキ店を展開する「デンバープレミアム　高田馬場店」より店名に「ステーキ」が入っている分、検索エンジン対策で優位に立つであろうことは想像できますね。

▶登録する情報を書き出してみよう

とても当たり前のことなのですが、自分が登録した内容は、事前にまとめておけば作業がはかどります。そのために、図2-9のリストを有効活用してください。

■図2-9　登録するお店の情報を書き出すリスト

項目	内容
お店の名前	
郵便番号	
住所	
電話番号	
カテゴリー	
ショルダーネーム	
営業時間	

2-2 Googleマイビジネスに登録しよう

Google マイビジネスへの登録方法を理解しよう

▶「登録の手段」は3通りある

　Googleマイビジネスの登録の際に利用できる手段は3つあります。まず、PCを使うかスマートフォンを使うかの2択です。そしてスマートフォンを使う場合は、ウェブブラウザを使うか、アプリを使うかの2択、これで合計3つです。

　スマートフォン用のアプリは、iOS（iPhone、iPad）用とAndroid用それぞれが用意されています。アプリは、App StoreやGoogle Playで「マイビジネス」と検索すれば出てきます。また、Googleマイビジネスの紹介ページ「仕組み」のところに、それぞれリンクが貼ってあるので、こちらからでもアプリをダウンロードできます。

・アプリ「Googleマイビジネス」
　https://www.google.co.jp/intl/ja/business/how-it-works/#?modal_active=none

　登録手段は、自分がやりやすいものを選択してください。PCからの操作は画面が大きくてやりやすいですが、普段お店でPCを広げる習慣がないと、更新作業が億劫になるかと思います。お店のSNSを更新しているやり方と同じにしたほうがいいでしょう。

▶「登録の方法」は２通りある

　登録の方法は２通りあります。これからお店をオープンする方は、現在存在しない店舗の情報ですから新規の登録ということになります。

　すでに商売をしている方は、お店の情報がGoogle マップ上に掲載されている場合があります。もし、すでにマップ上に存在するのであればその情報をもとにオーナー確認をし、間違っている情報は修正し、足りない情報を追加していきます。

　ここで注意点があります。すでに情報が掲載されているのに、それとは別に新規登録をしようとするのはやめたほうがいいでしょう。自分で登録した情報は削除できますが、すでに存在していて自分が関与していない情報の削除は、基本的にできない仕組みになっているからです。

▶お店の情報が検索結果に出てくるか確認しよう

　ここからは、すでにお店を出している方のための説明です。これからお店を出す方はこちらのURL（https://business.google.com/create?）の、「ビジネス名を入力して下さい。」からはじめてください。

　まず、お店の名前をGoogleで検索してみましょう（図2-10）。

　すでに存在していたら、図2-11のようにお店の情報が表示されます。

　店舗の情報内で電話番号の次の行に、「このビジネスのオーナーですか？」という表示があります（図2-11の右側の囲み）。Googleマイビジネスには、この表示がある店舗情報とない店舗情報があります。表示がない店舗情報は、すでにお店のオーナーによって認証されている、もしくはオーナーによって登録された情報です。

　表示がある店舗は、まだオーナーによって確認されていない情報です。あなたのお店の名前で検索してみてください。場合によっては同じ名前のお店が複数表示されるかもしれません。その場合は、「地名＋店名」で検索してみてください。

■図2-10　自分のお店をGoogleで検索する

■図2-11　自店の情報がすでに存在している場合

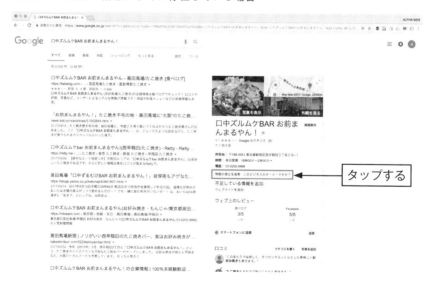

　所在地と店名があなたのお店と同じで、あなたのお店の情報であれば、その店舗情報を利用して登録していきます。「このビジネスのオーナー

ですか？」をタップしてください。

　なぜ、オーナーが登録していないのにお店の情報が登録されているのでしょうか。その理由は、Googleのアカウントを持っている方が自主的に登録したからです。

　Googleには、「ローカルガイド」というウェブサービスがあります。これに登録したユーザーが店舗情報や写真の登録をすると、ポイントが増えるサービスです。そのローカルガイドポイント獲得のために、店舗情報の他、街のランドマークなどを登録しているユーザーがいるのです。

　ローカルガイドでなくても、Googleのアカウントを持っていればGoogleマップ上からそこにある施設の情報を登録できるので、そちらから登録されたというケースもあります。

▶オーナーの確認方法（お店の存在確認）

　「このビジネスのオーナーですか？」をタップしたあとは、図2-12のような画面になります。「このビジネスを管理する権限を持っており、利用規約に同意します」にチェックをつけて、「続行」をタップします。

　そうすると、確認コードの受け取り方法を選ぶ画面になります。郵送の他、登録するカテゴリーや状況に応じて電話、メールでの受け取りが可能な場合は「電話で今受け取る」といった選択肢が表示されます（Google Search Consoleというサービスをすでに利用していれば、即時確認できる場合もあります）。その下には「次の宛先に郵送で送る」が表示されます（図2-13）。

　図2-13左下の「後で確認を行う」をタップすると、確認コードの受け取りを後回しにできます。すると、「無料のウェブサイトをプレビュー」という表示があらわれて、登録している内容をもとにウェブサイトが作成されます（このウェブサイト作成に関しては第3章で説明します）。

■図2-12 「このビジネスを管理する権限を持っており、利用規約に同意します」にチェック

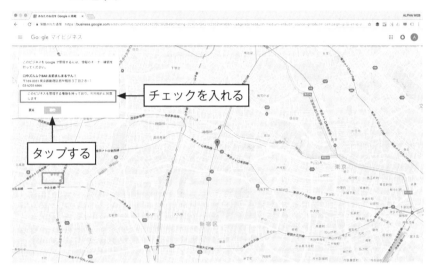

■図2-13 確認コードの受け取り方法を選ぶ

　「電話で今受け取る」を選ぶと、登録した電話番号にGoogleから電話がかかってきます。日本語なので安心してください。合成音声で確認コードが繰り返し通知されるので、間違わないようにメモをとってくださ

い。この確認コードを入力することでオーナー確認が完了します。

　「次の宛先に郵送で送る」を選ぶと、登録した電話番号にGoogleからハガキが郵送されてきます。次の画面（図2-14）で、ハガキのイメージの表示と送付先担当者名を追加で登録できるボックスが表示されます。送付先担当者名は省略可能です。

　最後に「ハガキを送付」をタップしてください。ハガキは19日以内に届くと表示されます。このハガキに記された確認コードを入力することでオーナー確認が完了します。

■図2-14　「ハガキを送付」をタップ

▶確認コードを入力する

　取得した確認コードの入力方法を説明します。Googleマイビジネスの管理画面の左側に「オーナー確認を行う」というリンクがあるので、そこをタップします（図2-15）。次の画面でコードを入力し、「送信」をタップしてください（図2-16）。確認完了の画面が表示されたら「OK」をタップしてください。

■図2-15　管理画面の左側「オーナー確認を行う」をタップ

■図2-16　確認コードを入力し、「送信」をタップ

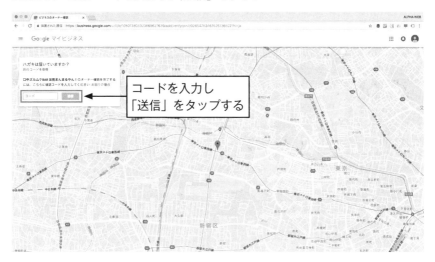

　完了すると、Googleの検索結果の店舗情報から「このビジネスのオーナーですか？」という表示が消えます。
　確認完了が済むと「無料のウェブサイトをプレビュー」という画面に切り替わります。

ここで注意点があります。確認コードを入力するまでは、店名、住所、電話番号を変更しないでください。店舗の実在確認なので、変更してしまうと確認コードが無効になり、確認コードを取得し直して再度入力することになります。

　間違って変更してしまった場合、再度確認コードを発行してください。ただし、再発行できるのは3回までです。再発行ができなくなったらGoogleのマイビジネスのヘルプのメール送信フォームから問い合わせてください。しかし、これは店舗入り口の写真を添付したりする必要があり、とても面倒な作業になるので、誤って変更しないようにしましょう。

　以下が問い合わせの窓口です。

・Googleマイビジネス ヘルプ
https://support.google.com/business/contact/verification_code_issues

Column Google Mapsに登録できたら、「マップ」にも登録しよう

　Google Maps は Google マイビジネスと密接に結びついている Google のサービスです。

　Google が提供する Android のスマートフォンには Google Maps というアプリが入っていますし、Apple が提供する iOS (iPhone、iPad) でも Google Maps は使うことができます。

　一方で、Apple は「マップ（Maps）」という Google と同様の地図アプリを提供しています。もともと Apple は、Google Maps をマップとして iOS 上のデフォルトアプリ（インストールしなくてもいい、はじめから搭載されているアプリ）としてリリースしていました。その後、2012 年 9 月に自社製のマップサービスアプリをリリースし、iOS 上のデフォルトアプリを Google Maps からマップに置き換えています。

■図D 「カレー」と入力した際、SiriからWebサイトが提案された

■図E 「馬場壱家」と店名を入力した際、お店の情報がマップからの情報として表示された

なぜ、マップをここで取り上げたのかというと、iPhoneのブラウザ（Safari）で文字を入力して検索しようとした時、Google検索されますが、Safariであらかじめ検知した文字列がマップなどのApple提供のサービスに登録されていた場合、最上段に検索結果として1件提案されるからです。

Google検索より先に表示されること、日本ではiPhoneのシェアが7割に達することを考えると、こちらに表示されるに越したことはないでしょう。

こちらに表示させるためには、Apple Maps Connect（アップル マップ コネクト）に登録されている必要があります。

■図F　Apple Maps Connect（アップル マップ コネクト）

店舗情報は、食べログやFOURSQUARE（フォースクエア）に掲

載されている場合、そちらの情報からすでに掲載されていることもあります。その場合、場所や店名で検索し、Googleマイビジネス同様、自分の管理する場所として登録する必要があります。

■図G　Apple Maps Connectの店舗情報編集画面

　Googleマイビジネスほどの詳細な情報は今のところ登録できませんが、こちらにも正しい店名、住所を登録しておくことをおすすめします。

第 **3** 章

Google マイビジネスでお店の「ウェブサイト」を作ろう

Google マイビジネスの機能「ウェブサイト」は、2017 年 6 月に公開された比較的新しい機能です。無料でスマホ対応のウェブサイトが簡単にできるもので、独自ドメインを利用することもできます。本章では「ウェブサイト」機能の説明と、そもそも有料の HP 作成サービスなどで費用をかけてウェブサイトを作る必要があるのかを解説していきします。

3-1 ウェブ知識ゼロでもすぐに自店のウェブサイトができた！

超アナログな店長さんも、今では熱心にウェブサイトを活用中

▶ 「ウェブサイトを作らなきゃ……」が一気に解消される

　新宿区西早稲田にある「和バル処 えんじ」は2014年8月にオープンした、日本酒と季節料理のお店です。すでに自店のFacebookページへの投稿は熱心にしており、集客ツール「イベント」機能も利用しています。

■図3-1　Googleマイビジネスに登録されている「和バル処 えんじ」

　Googleマイビジネスへの登録はすでに行なっていたのですが、登録した内容のメンテナンスと、その他の機能の活用方法を知りたいという相談を受けました。

　Googleマイビジネスの表示を見ると、すでに食べログやFacebookとの紐づけがされています。Googleの口コミも増えつつあり、混み具合のグラフも出ています。

　以前、登録しはじめのころには「投稿」機能と「ウェブサイト」機能はなかったためそちらの説明もしたところ、店長はさっそくウェブサイトを作成しまし

た。超アナログな店長さんですが、ウェブサイト作成は30分もかからなかったでしょうか。

　何に一番時間がかかったかというと、「トップの画像にどの写真を使おうか」「文言をどうしよう」といったことです。作成する操作自体はとても簡単なので、あらかじめ登録する文章と写真を用意しておくことで、あっという間に完成させることができました。図3-2が作成したウェブサイトです。

　このように、Googleマイビジネスを利用すると、「ウェブサイトを作らなきゃ」という、店主が常に抱えるであろう懸念材料をすぐに解消することができるのです。

■図3-2　30分で作成したウェブサイト

3-2 自店のウェブサイトが あっという間に完成

必要最低限の情報を掲載したウェブサイトを、30分以内に完成させることができる

▶登録内容から自動的に作成される

　Googleマイビジネスでは、登録した内容をもとに、半自動的にウェブサイトが作成できます。このウェブサイト作成も、もちろん無料です。

　P49で説明した確認コードを入力した直後、または、左のメニューにある「ウェブサイト」をタップすると「無料のウェブサイトをプレビュー」という画面に切り替わります（図3-3）。

■図3-3 「無料のウェブサイトをプレビュー」の画面

すでに自店のウェブサイトを持っていれば「プレビューしない」をタップすることで、この画面をパスできます。ただ、すでにウェブサイトを持っていても、Googleが提供するURLで新規ウェブサイトを作っても問題はありません。
　ウェブサイトを作る場合は「サイトをプレビュー」をタップしてください。すでに登録している情報をもとに、ウェブサイトのたたき台が作成されます（図3-4）。

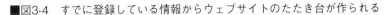
■図3-4　すでに登録している情報からウェブサイトのたたき台が作られる

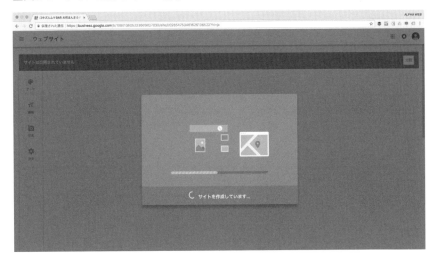

　完成すると「新しいウェブサイトへようこそ」と表示されますが、この段階ではウェブサイトのたたき台ができたところで、まだ一般公開はしていない状態です。「はじめる」をタップすると、デザインや文言が設定できる画面に切り替わっていきます（図3-5）。
　ここからは、新宿区西早稲田のたこ焼きBAR「口中ズルムケBAR お前まんまるやん！」というお店が、Googleマイビジネスの「ウェブサイト」を使用して自店のサイトを作成していく課程を紹介していきます。

■図3-5　デザインや文言が設定できる画面

サイドメニュー

▶「テーマ」でサイトのイメージを選択する

　さらにサイトを作り込んでいくための手順を紹介していきましょう。管理画面、左側あるサイドメニューを順番に説明していきます。

　最初に、「テーマ」を選択して、サイトの全体イメージを決めます。10種類程度のテーマがあらかじめ用意されているので、その中からひとつを選びます（図3-6）。

　現段階（2018年2月）では英語圏向けがメインのようで、選択肢に表示されている文言はアルファベットです。色合いもバリエーションが少ないので、これからの機能追加に期待したいところです。

■図3-6　サイトのテーマを選択する

▶「編集」で詳細情報を登録する

次は、「編集」です。ここに登録するのは、主にお店に関するテキスト情報4つと、このウェブサイトを見た方に何をしてほしいかを選ぶ選択肢のひとつです。

図3-7の画面の上から順に「ヘッドライン」「説明」「第1ボタン」「概要のヘッダー」「概要の本文」とあります。ひとつずつ説明していきます。

・ヘッドライン

自店のセールスポイントを完結に記述します。キャッチコピーのようなものをイメージするといいでしょう。画面の上には店名が表示されているので、ここには店名は入れても入れなくてもいいです。スマートフォンでの表示サイズを考えると、2行になるのは避けたほうがよく、だいたい10字程度が丁度いいでしょう。下に続く概要につながる内容になるように心がけてください。

■図3-7 「編集」から詳細情報を登録していく

・**説明**

　ヘッドライン（キャッチコピー）に続くリード文、ヘッドラインの文章をもう少し詳しく説明し、次の概要につなげる文章の位置づけです。
　スマートフォンの画面では、iPhone 7 Plusだと1行26文字程度です。2行でもいいかもしれませんが、文字のサイズが小さいので1行でもいいでしょう。

・**第1ボタン**

　何のボタンを設置するかを選択できます。「今すぐ電話」と「ルートを検索」から選択できます。「今すぐ電話」は予約が必要な店舗、「ルートを検索」は予約は必要なく、そのままお店に足を運んでほしい飲食や小売り店舗の方が選択すればいいでしょう。
　「今すぐ電話」は、スマートフォンではそのまま電話をかける画面に切り替わります。PC上でも、PC内の電話をかけるソフトウェアを探す動作をします。「ルートを検索」はその場所から登録した店舗までの経路探索が開始されます。

・**概要のヘッダー**

　ある程度長い文章が載せられる「概要の本文」（下記で紹介）がありますが、その部分のヘッダーを記述します。

　概要のヘッダーも概要の本文も必須ではないので、とりあえずウェブサイトを公開したい方は空欄のまま公開してもいいでしょう。じっくり考えてあとから登録しても大丈夫です。次の「概要の本文」欄の内容をまとめてみて、その本文の見出しというイメージ、もしくは要約というスタイルで考えをまとめたほうがうまくいきます。

・**概要の本文**

　お店の商売の内容を詳しく説明します。飲食店であれば、一番ウリのメニューや自慢の食材、小売りであればどんなカテゴリーなのか、どんな品揃えなのかを詳しく書いていきます。サービスを提供しているのであれば、特色や実績なども書くといいでしょう。

　この概要の本文から、注文を受けつけるページへのリンクを貼ったり、Facebookページなど運営しているSNSのページがあるならリンクを貼ったりすることができます。

　概要の本文欄の上にある各種ボタンは、文章の装飾に使用するものです。マイクロソフトのWordといったワープロソフトをイメージしてもらえれば、何のボタンか想像がつくと思います。「B」は太字、「I」は斜体、「U」は下線、鎖の図柄はリンクを貼るボタン、そして「段落番号」と「箇条書き」ボタンです。

▶写真を登録する

　「写真」では自店の写真をアップロードしていきます。

　ウェブサイトの中段、概要の本文の下に写真が5カット表示される場所があります。ここに登録する写真を選んでアップロードします。

　図3-8の中央を見てください。「パソコンから写真を選択」と出てきますが、スマートフォンではスマートフォンに保存されている写真から選

択することになります。他のスマートフォンやカメラで撮った写真であれば、一度その写真を送ってもらい、自分のスマートフォンに保存し、その写真をアップロードします。

　ウェブサイトにはアップロードした写真の最新5点が表示されます。どの写真を表示するか選ぶことができないので、アップロードするときは何が表示されるかイメージしてアップロードすることをおすすめします。

■図3-8　「パソコンから写真を選択」から5枚の写真をアップロード

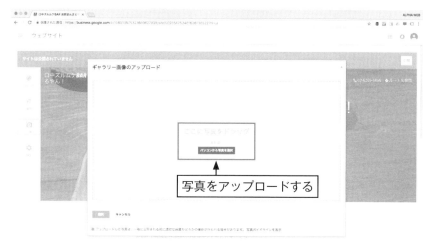

▶公開する

　写真がアップロードできたら、次の画面では「公開」ボタンが表示されます（図3-9の右上）。このボタンをタップすれば、作成したウェブサイトが一般に公開されます。「設定」画面にも「今すぐ公開」というボタンが表示されています（図3-9の左）。

■図3-9　ウェブサイトが一般に公開される

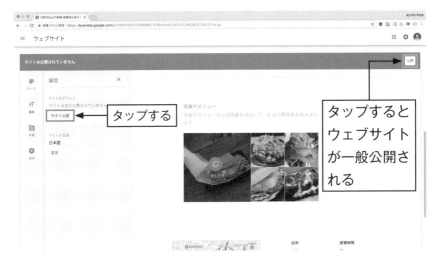

　次の画面では「顧客に公開するウェブサイトのアドレスを入力してください」と出てきて、URLの入力を求められます（図3-10）。

　基本的には、Googleが持っているドメイン「business.site」を利用します。「○△○△○△.business.site」の「○△○△○△」部分を、任意の文字列で設定しましょう。

　あらかじめ設定されているカテゴリーをもとに、文字列が表示されます。このケースではカテゴリーが「たこ焼き屋」と「BAR」なので、「bar-takoyakistand」という文字列があらかじめ表示されていました。文字列を決めて入力したら「次へ」をタップします。

　独自ドメインを新規購入して設定したり、すでに自身で持っているドメインを設定したりすることもできます。その場合、GMOグループのお名前ドットコム（P70で説明します）やGoogle Domains（https://domains.google/#/）というサービスを利用します（図3-11、P72で説明します）。ただし、末尾が「.jp」で終わるドメインは利用できないので気をつけてください。利用できるドメインは「.com」や「.net」をはじめとしたトップレベルドメイン（ドメイン名をドットで分割した際の最後の項目）のみです。

■図3-10 「顧客に公開するウェブサイトのアドレスを入力してください」の画面

今回は「購入しない」をタップして公開しましょう。

■図3-11 Google Domainsの案内

次の画面(図3-12)で「サイトを表示」をタップすれば、公開されている状態のウェブサイトが表示されます(図3-13)。

■図3-12 「サイトを表示」をタップ

■図3-13 公開されている状態のウェブサイトが表示される

▶営業時間・カバー写真の変更

　公開したウェブサイトは、すでに登録されていた写真や営業時間を表示しています。これを変更する場合は、管理画面から変更します。写真や営業時間の変更は、左側の「情報」から変更できます（図3-14）。

■図3-14　「情報」から写真や営業時間を変更する

　カバー写真は、「写真」から変更します（図3-15）。カバー写真で設定した写真が、ウェブサイトの一番上に表示される背景の写真になります。
　図3-16はカバー写真、プロフィール写真を登録した状態です。

■図3-15 「写真」からカバー写真を変更する

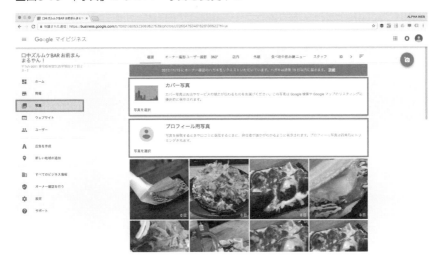

■図3-16 カバー写真、プロフィール写真を登録した状態

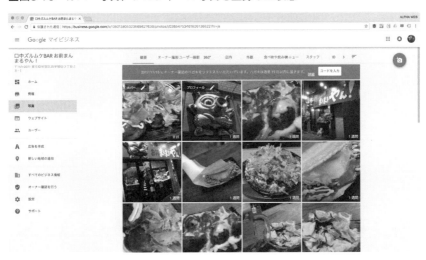

　登録したカバー写真が反映されたウェブサイトが完成しました（図3-17）。

■図3-17　登録したカバー写真が反映されたウェブサイトが完成

　ここまでのおさらいです。

　Googleマイビジネスでは、登録された店名、住所、営業時間をもとに、テーマを選択し、カバー写真を登録すると簡単にウェブサイトが作成できます。

　概要のヘッダーと概要の本文は、「ウェブサイト」の「編集」をタップしてそれぞれ入力してください。お店の一番のウリをキャッチコピーにして、その詳細説明として登録します。

カバー写真は、PCでは横長で表示され、スマートフォンでは左右が除かれて縦長で表示されます。どちらのレイアウトでも、何が写っているのかがわかる写真を選んでアップロードしてください。

　下に表示される写真はアップロードした写真の内、直近の5枚が表示されます。写真は何枚でもアップロードできるので、並び順が気に入らなかったらいくらでも追加でアップロードして調整できます。

　写真のアップロードする点数が多いほど、検索結果に有利に働くようです。どんどん写真を撮ってアップロードしてみましょう。

3-3 ウェブサイトのドメインとは？

ウェブサイトに表示される URL に、自店と関係のある文字列を表示させる方法

▶ドメインって何？　購入したほうがいいの？

　ドメインは、ウェブサイトを見ているときにブラウザの上部に表示されているURL「http://www.njg.co.jp/」の「njg.co.jp」部分を指します。末尾の2文字の文字列がそれぞれの国に割り当てられています。「jp」はJapanのjpです。同様に「uk」はUnited Kingdomでイギリス、「kr」はKoreaで韓国のことを意味します。

　例外はアメリカ合衆国で、インターネットの開始当時は利用できるのがアメリカ合衆国のみであったため国の表記はなく、「com」や「net」といった組織の性質を表す文字列が末尾になっています。「com」はcommerceの頭3文字、「gov」はgovermentの頭3文字といったような由来です。最近では「.love」や「.work」などの英単語そのままのドメインが利用できるようになっています。

　ウェブサイトを公開するときは、自身の商売とかかわりのある文字列でドメインを取得し、それをウェブサイトにアクセスするURLとして利用します。これを「独自ドメインの取得」「独自ドメインの設定」などといいます。

　日本ではGMOグループのお名前ドットコムのような業者が提供するサービスなどで取得できます（図3-18）。

■図3-18　独自ドメインの取得ができる、お名前ドットコム

　ウェブサイトを作成して公開するときは、無料ホームページ作成のようなサービスを提供しているサイトで作成するか、レンタルサーバーを借りるかのどちらかになります。このとき、独自ドメインを設定しない場合、サービスを提供している業者がすでに所持しているドメインを設定します。

　多くは「www.njg.co.jp」といったURLの「www」部分を任意の文字列にして設定しています。

　Googleマイビジネスのウェブサイトは「○△○△○△.business.site」の、「○△○△○△」の文字列を、自身の商売に関係する文字列にして利用します。先ほどの例でいえば「bar-takoyakistand」の部分です。

　独自ドメインを利用するメリットは、作成したウェブサイトの趣旨に関連する質のいい内容を発信していればGoogle検索での評価が高くなり、検索エンジン対策にいいという点です。業者のドメインを利用すると、その評価が蓄積されません。

▶Googleのドメインサービス、Google Domains

　Googleは2017年から日本でのドメイン取得サービスを開始しています。Googleマイビジネスでウェブサイトを作成したときに表示された「ドメインを購入しますか」をタップすると、Google Domainsというサービスでドメイン取得の手順がはじまります（図3-19）。

■図3-19　Googleのドメイン取得サービス、Google Domains

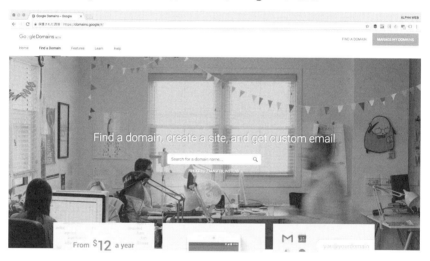

　では、Googleマイビジネスでウェブサイトを作成したときにGoogle Domainsで購入した独自ドメインを設定したほうがいいのでしょうか？

　結論は、「どちらでも構わない」です。それぞれメリットとデメリットを挙げてみます。

・メリット

　Google DomainsとGoogleマイビジネスは同じGoogleのサービスなので、ドメインとウェブサイトの紐づけ方が比較的わかりやすい。

・**デメリット**

①Google Domainsは購入費用が高い。例えば「.info」がお名前ドットコムでは199円/年、Google Domainsでは1,400円/年（2018年1月時点）。

②「○△○△○△.business.site」でウェブサイトを公開するときに比べて、一手間かかる（○△○△○△.business.siteで公開する場合は、○△○△○△の部分の文字列を設定するだけですぐに公開できますが、独自ドメインを利用する場合は、ドメインの選定、支払い手続き、と少しだけ面倒な手順を踏まなければなりません）。

3-4 費用をかけて作成する独自のウェブサイトは本当に必要なのか？

わざわざ費用と時間をかけて独自のウェブサイトを作成する前に、他にできることがないか確認しておこう

▶集客を独自のウェブサイトに期待するのはやめよう

　Googleマイビジネスでは「ウェブサイト」機能で無料で簡単にウェブサイトを作成できますが、なぜか、お店をはじめるときにわざわざ有料サービスなどに申し込んで「ウェブサイトも作成しなければ」と思い込んでいる方が多くいます。もし、そう思っているのなら、その考えはあらためたほうがいいでしょう。
　その理由を順番に説明していきます。

▶集客の手段をすべて検討してみよう

　まず、「本当に必要なのか」を一度しっかり考えてみることが大切です。つまり、すべての集客の方法の中から、目的と予算を再確認し、優先順位を決めるのです。
　まず、実際にお店がある場所でできること、アナログな手法、インターネットでできること、そして見込み客の新規開拓なのか、リピート率のアップなのか、これらを考えて挙げていきましょう。

新規顧客開拓目的
　1．お店のファサード（正面のデザイン）
　2．看板、のぼり作成、掲出

3．Googleマイビジネスなどへの無料登録
4．既存客からの紹介・口コミ
5．近隣への法人営業、街頭でのチラシ、クーポンなどの配布
6．SNS（Twitter、Instagram運営）
7．ポスター、折り込みチラシ、タウンプラス
8．プレスリリース、新聞、雑誌、地域情報紙への取材依頼
9．インターネット広告（SNS広告、検索エンジンへの広告）
10．ホットペッパーグルメ、ぐるなび、食べログなどへの有料登録
11．費用をかけたウェブサイト作成
12．新聞、雑誌、地域情報紙への広告
13．バス電車などへの交通広告
14．ラジオ、テレビCM

　前のほうから順に、必須の施策、費用のかからない施策で、後ろにいくほど費用や手間がかかる施策になります。このように、ウェブサイトを作成する前にできることはたくさんあるのです。予算と手間を考えて、実施できることはぜひ取り組みましょう。

　優先順位で考えてみると、費用をかけて行なうウェブサイト作成の優先度は高くないことに気づくかと思います。ウェブサイトを作成して新規開拓に注力するよりも、リピーター狙いの施策を考えたほうが効果が高いと私は考えます。リピート率アップのために打つべき施策は次の4つです。

・**リピート率のアップ（常連客増加）の施策**
1．SNS（LINE@、Facebook）運営
2．クーポン券配布
3．ダイレクトメールの送付
4．ポイントカード、会員証発行

　新規開拓に比べると、リピート率アップで施策として考えられること

はそれほど多くありません。一番は、提供するサービスのよさとそれに見合った値づけ、業態、価格帯に応じた接客品質を提供することでしょう。

▶ウェブサイトにたどり着くまでの過程を確認しよう

インターネット上でお店を検索するのは、通常、次のような方法ではないでしょうか。

例えば、今いる場所でおそばを食べたいと思い、PCで検索するとします。検索する言葉は「そば　高田馬場」というのが一般的だと思います。

その結果を見てください（図3-20）。お店のウェブサイトは10番目にやっと表示される程度です。

検索結果のトップは、Googleマイビジネスで登録された店舗の中から3店舗、その次は食べログやRettyなど情報サイトの結果が並んでいます。このように、「高田馬場でそばを食べたい」と思って検索したユーザーに、お店の公式ウェブサイトが、検索結果の上部で表示されるようにするのは至難の業なのです。

「店名」そのものを検索してウェブサイトへたどり着く場合があると思うかもしれませんが、考えてみてください。テレビ、ラジオ、SNSなどで注目を集めない限り、あなたのお店の名前をすでに知っていて検索してくる人はほとんどいません。

「取り扱いが少ないものを売っている」「そのサービスを提供するのが数店しかない」といったケースの場合は検索からの新規顧客の開拓が可能かもしれませんが、そうでない場合はあまり期待できないのが現実です。

それでも費用をかけてウェブサイトを作成したいというのであれば、まず、ウェブサイトを作成する目的を明確にしましょう。

■図3-20　お店のウェブサイトを上位に表示させるのは難しい

10番目にやっと表示されている

第3章　Googleマイビジネスでお店の「ウェブサイト」を作ろう

新規顧客の開拓が目的なのか、扱う食材やサービスにお店でのやりとりだけでは伝え切れないストーリーがあるのか、狙っている客層が日本、もしくは海外の方なのか、リピートしてもらうために詳細な情報を提供する場なのか、考え抜いて明確にしてみましょう。

▶無料ホームページ作成サービスは要注意！

　実店舗で商売をしている方、これから開業しようとしている方は、できるだけ安く、できれば無料でウェブサイト作成をしたいという方が多いと思います。そんな方が利用してしまいがちなのが「無料でホームページが作れるサービス」です。

　「無料」ということと、テンプレートを選ぶだけで簡単に作成できるのがウリですが、なぜ無料なのか、どこから有料になるのかを把握しておいたほうがいいでしょう。

　いくつかの「無料でホームページが作れるサービス」を念頭に、注意点を挙げていきます。

・独自ドメイン設定は有料になる

　独自ドメインとは、例えば「www.google.co.jp」「www.google.com」といったURLの「google.co.jp」「google.com」の部分のことをいいます。自分の商売の屋号などの文字列と「．（ピリオド）」以下の文字列を組み合わせたものを年額で購入します。100円以下で買えるものから、数千円するものまであります。独自ドメインを使わない場合、例えば無料ホームページ作成サービスのWix（https://ja.wix.com/）では、ドメインは「wixsite.com」などを使うことになり、wixsiteより左部分の文字列を自分の商売の屋号に置き換えたURLになります。

　独自ドメインを購入して利用することでインターネット上での「表札」を手に入れて、信頼性をもとにした検索エンジン対策ができるのですが、ほとんどのサービスで月額数百円がかかります。

・広告が表示され、非表示設定は有料になる

「無料でホームページが作れるサービス」は、だいたいがサービスを利用しているウェブサイトにそのサービス名のロゴを表示することが条件です。Ameba Ownd（https://www.amebaownd.com/）を利用すると、PCで閲覧した場合、作成したウェブサイトの左上に「Ownd」と表示され右上に「ホームページを無料で作成」と「ログイン」と表記されたボタンが表示されます。Ameba Ownedは無料サービスしか提供しておらず、表示させない方法はありません。また、他の「無料でホームページが作れるサービス」では、サービスのロゴ表示を非表示にするためには有料コースの利用が必要になります。

・ウェブサイトの引っ越しができない

商売が軌道に乗ると、ウェブサイトの作成にもある程度予算をかけられるようになってくるため、コンテンツを充実させたいとか、スタッフブログをはじめたい、と考えることもあるかと思います。その際、既存のウェブサイトの内容を生かしたいと思っても、「無料でホームページが作れるサービス」ではその作業がしづらいのです。これは「無料でホームページが作れるサービス」それぞれのルールでコンテンツが保存されているためです。

通常のウェブサイトやWordPressなどのCMSと呼ばれるウェブサイト管理の仕組みだと、中身を移し変えることが比較的簡単です。

こうした「無料でホームページが作れるサービス」は、プライベートな趣味のウェブサイトや同好会、サークルのウェブサイトとして利用する分には便利でリーズナブルですが、商売のことを発信するウェブサイトとしてはこのような理由で利用しづらいというのが現実です。

「無料だから」とはじめてみてもオプションサービスが必要になり、結果的に月数百円から数千円を払うことになるケースがほとんどです。

Column 宿泊業の方は要注目のGoogle Travel

2019年5月にGoogle Travelがリリースされました。

これまでGoogleホテル検索、航空券比較・予約サイトのGoogleフライトとして提供されていたサービスが統合され、Google Travelとなり、これまでアプリ版で提供されていたGoogle Tripsが廃止されました。ホテル、旅館、民宿などの宿泊業はGoogleホテル検索として、Googleマイビジネスよりも先に、予約機能が実装されています。OTA（Online Travel Agent）といわれるインターネット上だけで取引を行なう旅行会社と紐づけられて、Google Mapsの検索から直接予約することができます。

■図H　Google Travelのトップ画面。フライトの検索画面が表示される

Google Travelは、目的地検索とフライト検索、ホテル検索が統合されたGoogleの新しいウェブサイトです。

Google Travelという名称ですが、「https://www.google.com/

travel」と URL 入力をすると、フライト予約（https://www.google.com/flights）に飛ばされます。

まず旅行先と期間を入力し、航空券の予約をするという使い方を前提にされています。往路便を選択したあとは、復路便を選択する流れになります。

■図1　行き先と出発日から、航空便が表示される

左のメニューは、「目的地を探索」「フライト」「ホテル」と並んでおり、「ホテル」を選択すると目的地近辺のホテルが表示されます。特定のホテルを選択すると、Booking.com や Expedia などの OTA の一覧が表示され、いずれかを選択して予約するようになっています。

Google マイビジネスはさまざまな業種の店舗や会社を登録できます。ただし、ホテルなどの宿泊業はホテル検索として先行して別サービスで提供されており、他の業種とは登録方法など詳細がかなりことなります。宿泊業の方向けには、「ホテル向け Google マイビジネス導入ガイド」（https://support.google.com/business/

answer/9177814）が別途用意されているので、こちらを参考に登録していきましょう。

■図J 「ホテル」を選ぶと、目的地近辺のホテルが表示される

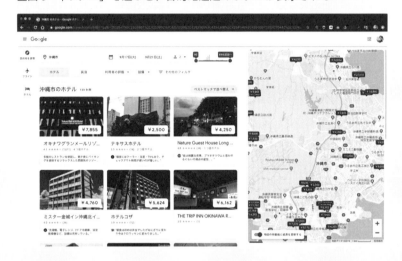

第 4 章

「投稿」「口コミ」「写真」で何ができる？

ウェブサイトの作成機能と同時にリリースされた「投稿」機能と、ユーザーから投稿されたレビューの管理機能「口コミ」、ウェブサイトやGoogleマップで表示される写真を投稿する機能「写真」について紹介していきます。

4-1 「投稿」機能を活用して最新情報を発信する

投稿機能を有効活用して実績を挙げているシェアオフィス・コワーキングスペース

▶投稿機能とブログ、ウェブサイトをうまく連携されている好例

　CASE Shinjuku（けーすしんじゅく）は、新宿区高田馬場駅前のシェアオフィス、コワーキングスペースです。

■図4-1　CASE Shinjuku（けーすしんじゅく）

　CASE Shinjukuは2017年1月にウェブサイトのリニューアルを行ないましたが、そのころからブログをはじめとしたインターネットでの発信に積極的に注力しはじめました。

さらに、Googleマイビジネスにもきちんと登録していて、新宿区内でシェアオフィスやコワーキングスペースといったキーワードで検索すれば常に上位で表示されます（図4-2）。

■図4-2　「シェアオフィス」「コワーキングスペース」の検索では常に上位で表示される

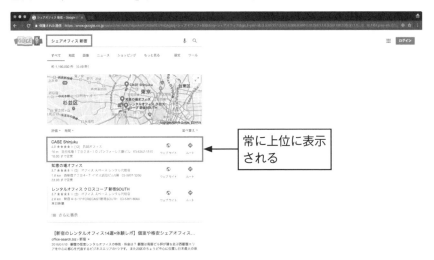

　Googleマイビジネスで「投稿」機能がリリースされると、すぐに積極的に投稿をはじめました。
　週に3記事程度のブログをアップしており、そのタイミングでGoogleマイビジネスにブログのURLとともに投稿されています。
　投稿の表示（図4-3右の枠内の下、写真が並んでいるところ）の下部に「詳細」と書かれたリンクがあります。こちらをクリックするとCASE Shinjukuサイト内のブログ記事にジャンプします。
　ウェブサイトへ誘導する導線が通常の「ウェブサイト」ボタン以外に2つ増えることになり、記事に興味がある人を新たに取り込めることになります。

■図4-3　Googleマイビジネスでの表示

　図4-4はGoogleマップでの表示のされ方です。投稿機能の他、写真も豊富で口コミも増えつつあります。充実したGoogleマイビジネスの詳細表示になっており、検索した人に対して訴求力が高くなっています。

■図4-4　Googleマップでの表示（情報量が多く訴求力が高くなっている）

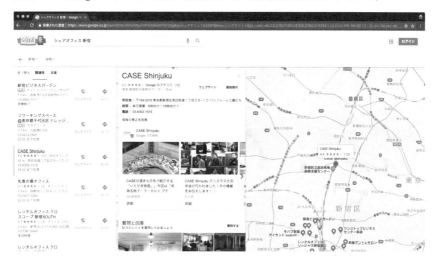

4-2 「投稿」を使えば「お知らせ」を検索結果に表示できる

「投稿」で最新情報を載せて、検索中のお客様にもタイムリーな情報を伝えよう

▶「投稿」機能でお店の最新情報を伝えよう

「投稿」機能とは、Googleの検索結果やGoogleマップでの店舗情報欄に、その時々のお知らせを表示することができる機能です。例えば、PCで検索すれば図4-5、図4-6のような体裁で表示されます。

■図4-5　PCでの表示のされ方①

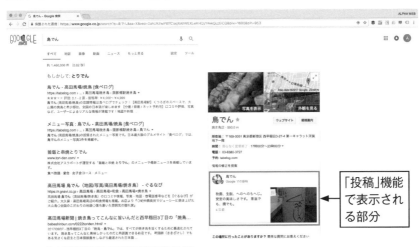

「投稿」機能で表示される部分

■図4-6　PCでの表示のされ方②

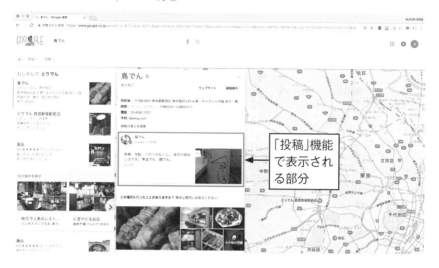

スマートフォンでは、図4-7のように表示されます。

■図4-7　スマートフォンでの表示のされ方①

■図4-8　スマートフォンでの表示のされ方②

管理画面の「投稿」から写真と文章を投稿できます。オプションを使えば、URLを指定して別のウェブページにリンクさせることもできます。

1件の投稿は「公開」ボタンをタップすればすぐに検索結果などに反映されます。その後、約1週間掲載されます。すぐに掲載され削除や編集もすぐ反映されるので、その日その時に伝えたい旬な事柄を投稿してみましょう。

投稿内容に関してはポリシーが定められていますが、商売に関する常識的な事柄であれば問題なく投稿できます。詳しくは「投稿コンテンツに関するポリシー」を確認してください。

・投稿コンテンツに関するポリシー
https://support.google.com/business/answer/7213077?hl=ja&ref_topic=7343035

▶SNSの投稿との違いは何か？

この「投稿」機能は、FacebookやLINEなどのSNSのタイムラインへの投稿と何が違うのか、ピンとこないかもしれません。投稿する内容は、FacebookやLINEにする内容と似通ったものになるからです。Googleマイビジネスの投稿が、FacebookやLINEのタイムラインへの投稿と大きく違う点は、掲載される場所の性格です。

FacebookやLINEは、基本的にFacebookページに「いいね」をしてくれたり、LINEアカウントを友だち追加してくれたりしたお客様向けのツールです。実際にお店に来てくれたお客様や、来ていなくても何かのきっかけでお店を知った方とのコミュニケーションツール、という位置づけです。そのため、すでにどんなお店か知っている方や、リピーターの方へのお知らせに使います。

それに対してGoogleマイビジネスの投稿は、Google検索やGoogleマップで調べた結果、お店の存在を知った新規のお客様へのお知らせです。例えば、臨時休業などのお知らせはFacebookやLINEなどのSNSで投稿

すれば、すでにつながっているお客様へは伝わります。しかし、Googleの検索結果からお店のことをはじめて知り、今日行ってみようと思った方は通常のお店の営業日、営業時間を見るので、臨時休業の情報を知らずに来店するかもしれません。せっかくお店を知って足を向けたのに、お店が臨時のお休みだったら、もうその次に来ようと思うことがないかもしれません。

普段から常連のお客様の比率が多く、新規のお客様の獲得に興味がなければ、FacebookやLINEへの投稿だけでもいいと思います。しかし、検索からの新規のお客様に来てもらうことを意識するのであれば、Googleマイビジネスの「投稿」にこまめに投稿したほうがいいでしょう。

▶投稿する方法は簡単

それではここから投稿の方法を解説していきます。
まず、Googleマイビジネスのメニュー、ホームの下の「投稿」をタップします（図4-9）。

■図4-9　ホームの下の「投稿」をタップ

図4-10の画面では、過去に投稿された4件の投稿が表示されています。投稿内容の下には、投稿した日時と公開されてから閲覧された回数・SNSにシェアするためのボタンがあります。

■図4-10　過去に投稿された投稿が表示される

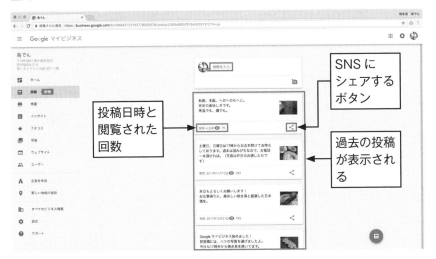

一番上の「投稿を入力」と表示されているボックスをタップすると「投稿を作成」ボックスが表示されます（図4-11）。その中の一番上には「アイデアが必要ですか？　投稿のサンプルをご覧ください。」と表示されます。ここをタップすると投稿のサンプルが3つ表示されます。

3つあるのは、投稿には単純にお知らせする場合の他に、イベントを告知する場合、購入ページなどへ誘導する場合、それぞれに応じたオプション設定があるからです。まずは「お知らせ」の投稿方法を説明します。

投稿する際は、カメラマークをタップして写真を選び、その下の欄に文章を入力します（図4-12）。100-300ワードとありますが、表示されるときの文字数を考慮すると、100字程度がいいと思います。

検索結果画面で表示されるとき、全文は表示されず冒頭の30文字程度が表示され、タップしないと全文が読めないため、興味を持ってもらえる文章、要旨を冒頭に書いたほうがいいでしょう。

■図4-11 「投稿を作成」ボックスが表示される

■図4-12 カメラマークをタップして写真を選び、その下の欄に文章を入力していく

　写真を選択し、文章を入力。写真の右下にはトリミングと削除のボタンがあり、入力が終わったら右上の「プレビュー」をタップ（図4-13）。

■図4-13　入力が終わったら右上の「プレビュー」をタップ

■図4-14　プレビューで表示を確認したあと「公開」をタップ

　プレビューで表示を確認したあと「公開」をタップすると、すぐに検索結果やマップでの店舗情報表示欄に反映されます（図4-14、図4-15）。

■図4-15　すぐに検索結果やマップでの店舗情報表示欄に反映される

▶投稿には2つのオプションがある

　投稿には、単純に「お知らせ」で投稿する他に、2つのオプションがあります。
　「投稿を入力する」の下の「この投稿をイベントにする」の右にあるスライドボタンをタップすると、イベント情報として投稿できます。イベントのタイトルと、開始と終了日時も投稿できます。図4-16のように、期間限定のセールをするときなどに利用できます。

　2つめのオプションは、投稿を見た人にしてほしいアクションを設定するオプションです。
　図4-17の一番下の「ボタンを追加する」をタップすると「詳細」「申し込み」「購入」「クーポンを入手」を選択するラジオボタンが表示されます。ラジオボタンを選択すると、URLを設定できるテキストボックスが表示され、リンク先のURLを指定できます。投稿で興味を持った人への次のアクションとして、ウェブサイトに誘導することができます。

■図4-16 「この投稿をイベントにする」の右にあるスライドボタンをタップするとイベント情報として投稿できる

■図4-17 「ボタンを追加する」をタップ

4-3 「口コミ」を投稿したユーザーに返信しよう

口コミを増やすためのポイントを理解しよう

▶「口コミ」とはGoogleアカウントを持っている人のレビューのこと

　食べログやYelpといったウェブサービスと同じように、Googleマイビジネスも、登録されたお店の情報に対して口コミが投稿できます。口コミは、図4-18のように表示されます。

■図4-18　Googleマイビジネスの「口コミ」

　他の口コミサイトで投稿する際にはそのサイトでユーザー登録が必要なように、Googleマイビジネスで口コミを投稿する際にもGoogleのアカ

ウントが必要になります。とはいっても、Gmail＝Googleのアカウントを持っているということなので、Gmailアカウントを持っていればすぐに口コミの投稿ができます。

特に、Googleのウェブブラウザ「Chrome」を使っていて、Googleアカウントでログインしているのならすぐに投稿することができます。

「Googleの口コミ（n）」という文字をタップすると、口コミを投稿した人のレビューと、星の数で評価を確認できます。

食べログの星の数表示のルールは何度か社会問題化した結果、獲得した星の数の単純平均ではなくなりましたが、Googleマイビジネスでの星の数は現在（2017年11月）のところ、獲得した星の数÷口コミ数になっています

・点数・ランキングについて（食べログ）
　https://tabelog.com/help/score/

Googleは、同じ地域で同じジャンルの店があった場合、口コミの評価が高いほうを上位に表示させているようです。ですから、この口コミに投稿してもらって星の数をより多くつけてもらうことは、Googleマイビジネス上では有効です。

ただし、サービス提供や商品の割引と引き換えに口コミを書いてもらうのは、Googleマイビジネスの「口コミに関するポリシー」でも明確に禁止されているので注意してください。以下、抜粋してみます。

・口コミに関するポリシー
　https://support.google.com/local-guides/answer/2622994?hl=ja

　　利害に関する問題：口コミは、正直で作為のない場合にその価値が高まります。ビジネス オーナーや従業員が自分のお店や雇用主の口コミを書くことはしないでください。お店の口コミを書くことや、競合他店の否定的な口コミを書くことによる金銭または商品、サー

ビスの授受は禁止されています。ビジネス オーナーの場合は、口コミを依頼するためだけに、店舗に口コミ ステーションやブースを設置しないでください。

　口コミを増やすには、ショップカードに検索結果やGoogleマップのお店情報のページのURLをQRコードで表示し、「口コミを書く」ボタンの場所を一言添えて誘導したり、口コミがあったらこまめに返信をしてコミュニケーションがとれている様子が見られるようにすればいいでしょう。すぐには評価や口コミは増えないので、長い目で見た対応が必要です。

▶口コミに返信するには？

　管理画面のメニューにある「クチコミ」をタップすると、投稿された口コミの一覧が表示されます。最上部に「すべて」「返信済み」「未返信」のタブがあります（図4-19）。

■図4-19　投稿された口コミの一覧が表示される

右上のボタンをタップすると「日付順」「高評価順」「低評価順」に並べ替えることができます(図4-20)。

■図4-20　右上のボタンをタップ

■図4-21　「不適切なクチコミとして報告」ができるボタン

それぞれの口コミの右上には、「不適切な口コミとして報告」ができるボタンがあります（図4-21）。

▶投稿された口コミには誠実に返信しよう

　Googleマイビジネスには、「口コミに関するポリシー」というものが定められていると説明しましたが、これに違反していたら、Googleのポリシーに反していると報告することができます。

　ただし、ポリシーに反していなければ、お店に対しての否定的だったり同意できなかったりする口コミであっても、報告することができません。たとえ報告しても問題がない内容なので、対応されることはないでしょう。
　ポリシーに反していない否定的な口コミ、同意できない口コミを目にした場合は、相手に対して誠実に返信してみましょう。カッとなって感情的な返信をせず、まず来店のお礼を述べて、不手際があったなら素直

■図4-22　口コミへの返信

に詫び、もし改善できることがあれば指摘に感謝し、できれば改善した報告ができればベストです。

これにより、投稿された方の気持ちを変えることはできなくても、口コミとそれに対する返信を読んだ他のユーザーが、「誠実なお店だな」と判断してくれる効果があります。

返信するには、各口コミの下にある「返信」ボタンをタップすれば返信内容を入力し、返信することができます（図4-22）。

▶口コミの削除を依頼する

「不適切な口コミとして報告」ができるボタンをタップすれば、図4-23のような「口コミを報告」というメッセージボックスが表示されます。「口コミに関するポリシー」へのリンクが表示されるので、どのような理由で報告、もしくは削除を依頼するのかポリシーを再確認してみてください。

■図4-23 「口コミを報告」の画面

「続行」をタップすると「ポリシー違反を報告」の画面になります（図4-24）。メールアドレスと、どのような違反理由かを選択して送信します。

報告をすれば、Googleのポリシーチームが内容を把握し、対応します。ただしこの場合、逐一こちらに対して報告がなされるわけではないようです。

■図4-24 「ポリシー違反を報告」の画面

単なる報告ではなく、明確に削除を依頼したい場合には「ポリシー違反を報告」画面の中の枠内の文章にある、「こちらのページ」をタップしてください。「Googleからコンテンツを削除する」画面に移ります（図4-25）。

この画面は、Googleの他のサービスと共通の画面で、法的に理由があり、削除を依頼するための画面です。著作権が侵害されているコンテンツのサイトが検索結果にある場合などに利用されます。

こちらの画面は、Googleの各種サービスの内、「Googleマイビジネス（口コミ、Q＆A、ビジネス リスティング）」への申し立てを選択したときの画面です。

Googleマイビジネスでの申し立ての場合、次の選択肢が表示されます。

■図4-25 「Googleからコンテンツを削除する」の画面

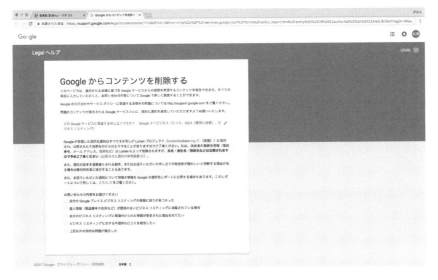

・**Googleマイビジネスでの申し立てで表示される選択肢**
1. 自分の Google プレイス ビジネス リスティングの情報に誤りが見つかった
2. 個人情報（電話番号や住所など）が関係のないビジネス リスティングに掲載されている場合
3. 自分のビジネス リスティングに関連づけられた情報が変更された理由を知りたい
4. ビジネス リスティングに対する不適切な口コミを報告したい
5. 上記以外の法的な問題が発生した

　実際には1〜4を選択すると、該当するヘルプページや情報を変更する画面へのリンクが表示されます。5を選択した場合のみ、削除依頼につながりますが、依頼するには何らかの根拠が必要です。
　例えば、レビュー内容がよそからの盗用であったり、写真や動画が何らかの権利を侵害していたりといったことです。何か明確に法的問題があるなら、選択肢を適切に選んでGoogleに申し立てる必要があります。

4-4 「写真」をたくさん登録しよう

Googleマイビジネスでは写真は質より量で評価される。尻込みせずにどんどん写真を登録しよう

▶写真の量が重要視されている

Googleマイビジネスでは、写真の登録が重要視されています。

例えば、「インサイト」の画面最上部「ユーザーがビジネスを検索する方法」の欄にも「新しい写真を掲載するとウェブサイトのクリック数が増える傾向があります」とわざわざ表記して写真の投稿をすすめています（図4-26）。

■図4-26　写真の投稿をすすめてくる

「インサイト」での分析項目のうち、最下段から2つの項目は写真に関する項目です。ここから、「写真の閲覧数」と「写真の枚数」が確認できます（図4-27）。

Googleはアップした写真点数の多い店舗情報を評価するとは明確に説明していないものの、掲載写真が豊富であれば、どのような商売をしているかがユーザーにわかりやすいことから、検索エンジン対策的にも有効だと思われます（「インサイト」に関しては第5章で説明します）。

■図4-27 「写真の閲覧数」と「写真の枚数」

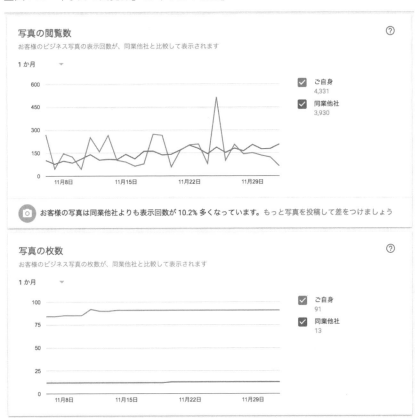

▶写真の登録方法と表示される場所

続いて、管理画面の「写真」メニューの説明をします。
図4-28が、管理画面の「写真」をクリックしたときの画面です。

■図4-28　管理画面の「写真」をクリックしたときの画面

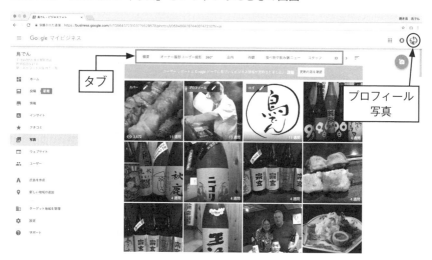

上部にタブが並んでいます。左から「概要」「オーナー撮影」「ユーザー撮影」と撮影のジャンルごとに分かれています。

「概要」には、すべての写真が表示されます。最上部左から3つの写真、カバー、プロフィール、ロゴにはそれぞれの名称と鉛筆マークが表示されています。これらの3つの写真は鉛筆マークをタップすることで写真の入れ替えができます。

カバーは、ウェブサイトを作成したときのトップ画像となり、プロフィールはアカウントのプロフィール表示時の丸囲みの写真となります。Googleマイビジネスの管理画面では右上に表示されています。ロゴに関しては、今のところ表示されている箇所はありません。

Googleマイビジネスに「ウェブサイト」機能が追加される以前、「Google+（グーグルプラス）」というSNSサービスに店舗情報が掲載されており、Google+のマイページにこの3点の写真が上部に表示されていました。

現在は個人やブランドをGoogle+に、実在店舗情報をGoogleマイビジネスに登録するという棲み分けになり、店舗情報はマイページの代わりにウェブサイトを作る、ということになっています。

▶登録できる写真の条件とカテゴリー

「Googleマイビジネス ヘルプ」には、登録できる写真の品質についての説明があります。これ以外は登録できないという意味ではなく、「最適です」という表現なので、この基準を外れるとユーザーに最適に表示されないですよ、というくらいの意味です。「ローカルビジネスの写真を追加する」（https://support.google.com/business/answer/6103862?hl=ja）の「写真に関する推奨事項」の欄から引用します。

・写真に関する推奨事項
　形式：JPG または PNG
　・サイズ: 10 KB〜5 MB
　・最小解像度: 縦 720 ピクセル、横 720 ピクセル
　・品質: ピントが合っていて十分な明るさがあるだけでなく、Photoshop などの画像編集ソフトウェアで加工されておらず、フィルタが過度に使用されていない写真を使用します。現場の雰囲気をありのままに伝える画像をお選びください。

「オーナー撮影」「ユーザー撮影」は、自分でGoogleマイビジネスにアップロードした写真か、店舗情報にユーザーがアップロードした写真かの違いです。

・**オーナー撮影**

　タップすると右上にゴミ箱とiマークが表示されます。ゴミ箱をタップすればその写真は削除、iマークは詳細情報が表示されます。右側には、写真をアップロードした時期と画像サイズ、写真のカテゴリが表示されます（図4-29）。

■図4-29　オーナー撮影の写真

・**ユーザー撮影**

　一覧表示では写真がアップロードされた時期とGoogleの検索やマップで表示された回数が表示されています。眼のマークの横の数字がそれです（図4-30）。

　ユーザー撮影の写真はタップすると右上に旗とiマークが表示されます。

　iマークをタップすれば、オーナー撮影と同様、写真をアップロードした時期と画像サイズ、表示された回数が表示されます（図4-31）。

　旗をタップすれば「Google のコミュニティ規約に違反している可能性があるコンテンツ」としてGoogleに報告する画面が表示されます。関係のない写真がアップロードされていたときや、あまりに写真の品質が低ければこちらから報告しましょう。

■図4-30　ユーザー撮影の写真

■図4-31　写真の閲覧数やアップロードされた時期、サイズが表示される

　「360°」には、パノラマ撮影した写真をアップロードします。スマートフォンで撮影したパノラマ写真や、360°撮影できるカメラで撮った写真が掲載できます。

登録できる写真のカテゴリーは上部のタブ、「概要」「オーナー撮影」「ユーザー撮影」「360°」の他、登録したお店のカテゴリ（業種）により登録画面が切り替わる「タイプ」が複数あり、「最低限の追加枚数」が設定されています。

　タイプをGoogleマイビジネスヘルプの「ビジネス用写真」ページにある一覧表から抜粋します。共有エリアは少なくとも1枚、その他は少なくとも3枚をアップロードすることが推奨されています。

・ビジネス用写真
　https://support.google.com/business/answer/6123536
- 外観の写真
- 店内の写真
- 商品の写真
- サービスの写真
- 食べ物や飲み物の写真
- 共有エリア
- 客室
- チームの写真

　物販なら「商品の写真」、飲食店なら「食べ物や飲み物の写真」という具合に、お店のカテゴリ（業種）で登録した内容により、上部のタブの表示が変わります。

　普段から写真を撮る習慣をつけて、InstagramなどのSNSに載せると同時に、Googleマイビジネスにも載せるようにしましょう。

Column 複数店舗の登録をするには？

　本文では、1店舗から2, 3店舗の商売をしている方を念頭に、Googleマイビジネスへの店舗情報の登録の仕方をお伝えしています。

　他方、フランチャイズチェーン展開をしているお店や、多数の販売店網を持っている会社は、1店舗ずつオーナー確認をするのは大変です。そういった場合、10店舗以上だと店舗情報をまとめてオーナー確認をすることができます。

　今回、新宿区西早稲田に本社を置き、関東圏のデパートに多数のお茶販売店を出店されている愛国製茶株式会社の販売店登録のお手伝いをさせていただきました。

　一度に10店舗以上のオーナー確認をする場合、まず店舗情報の入力を済ませます。

　登録画面から個別に登録する他に、ひな形のExcelファイル（スプレッドシート）をダウンロードし、そこにまとめて入力し、再度ファイルをアップロードする方法もあります。

　登録が終わったら、1店舗ずつオーナー確認リンクを押すのではなく、「オーナー確認を行う」を選択するときにチェーンを選択します。そして、確認フォームに必要事項を入力して送信します（図K）。その後、Googleマイビジネス担当者から折り返しメールで連絡があります。

■図K 「オーナー確認を行う」を選択するときにチェーンを選択

　まず、登録しようとしているお店（会社）のドメインのメールでやりとりをする必要があります。また、登録する店舗は、それぞれウェブページがあるか、もしくは店舗一覧のウェブページに記載されている必要があります。

　今回、15店舗一括登録する際、社名の看板が入った店頭の写真を送るようにといわれました。通常は「オーナー確認を行う」で、登録店舗へ自動音声の電話で確認コードを送ったり、確認コードを記載したハガキを送ったりして、そのコードの登録でオーナー確認を済ませます。

　各店舗の担当者に写真を撮って送らせるよりは、場合によっては後者の方法をとるほうが、手間がかからないかもしれません。

第 5 章

分析機能「インサイト」で効果を把握する

お店の情報を登録した結果、どのようにお客様に見られているのか、それを見たお客様はどう行動しているのかを知ることができるのが「インサイト」です。細かく分析するというよりは、どういう傾向にあるのか、どのような行動に結びついているのかを把握する機能です。

5-1 「インサイト」とは何か？

インサイトとは「洞察、見識」という意味。ユーザーが何を知ろうとしているのかを読み解こう

▶6つの視点で分析する

　管理画面のメニューにある「インサイト」では、Googleマイビジネスに登録した情報がどのようにユーザーに伝わっているか、どのような反応があったのかを確認することができます。

■図5-1　インサイトのトップ画面

　インサイトには次の6つの項目があります。

・**インサイトの項目**
　①ユーザーがお客様のビジネス情報を検索した方法
　②ユーザーがお客様のビジネス情報の検索に使ったGoogleサービス
　③ユーザーのリアクションを知る
　④運転ルートのリクエスト
　⑤電話着信件数
　⑥写真

　①〜③の表記は、Googleマイビジネスのヘルプ画面に表示されているメニュー名をそのまま表記しています。この表記はGoogleから見た表現なので、「お客様」というのはGoogleマイビジネスにお店の情報を登録したあなたのことです。「ユーザー」とは、Googleから見たGoogle検索の利用者のことです。
　次節から大きく3つの項目に分けて、各項目について説明していきます。

5-2 ユーザーがどのように検索し結果を目にしているかを知る

インサイトでは、6つのシンプルなグラフでユーザー（お客様）の動向が可視化される

▶①ユーザーの検索動向を知る

まずは、ユーザーが検索する動向を知ることができる2つの機能を紹介します。

①ユーザーがお客様（あなたのお店）のビジネス情報を検索した方法

お店の名前を検索したのか、住所を直接検索したのか、または「近く

■図5-2 「ユーザーがビジネスを検索する方法」の画面

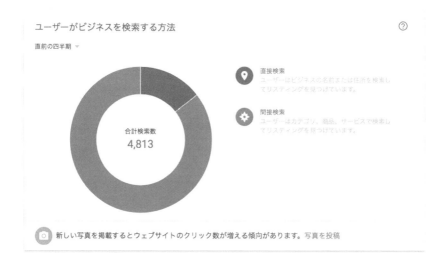

のラーメン屋さん」と間接的に検索してお店の情報にたどり着いたのか、といった割合がわかります。

これらの検索された数を合わせた「合計検索数」が表示され、間接検索（実際の画面では青色）、直接検索（緑色）それぞれにマウスカーソルをあわせると検索数が表示されます（図5-2）。

集計する期間は左上のドロップダウンリストで指定できます。▼をタップして「1週間」「1か月」「直前の四半期」の3つから期間を選ぶことができます。

② ユーザーがお客様（あなたのお店）のビジネス情報の検索に使ったGoogle サービス

ユーザーがGoogle検索で検索したときにあなたのお店の情報が表示された回数と、Googleマップであなたのお店が表示された回数の推移がわかります。

集計する期間は左上のドロップダウンリストで指定できます（図5-3）。▼をタップして「1週間」「1か月」「直前の四半期」の3つから期間を選ぶことができます。

この集計期間の切り替えは、インサイトで表示されるグラフのすべてで共通です。

■図5-3 「ユーザーがビジネスを検索した Google サービス」の画面

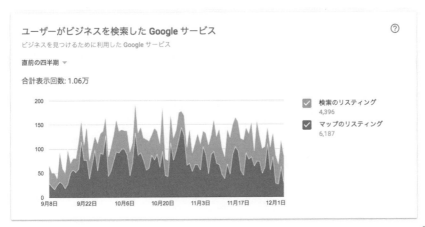

この「ユーザーがビジネスを検索した方法」と「ユーザーがビジネス情報を検索したGoogle サービス」に関しては、それぞれ数が増えればいいのですが、どの程度の数字を目指すのかといった指標が示されているわけではありません。

　今後、Googleにデータが蓄積されればそのような分析サービスが提供されるかもしれませんが、今のところ比較対象があるわけではないので、写真のアップロードや投稿を継続しつつ、数値が下がらないか気を配る程度でいいでしょう。

▶②ユーザーのリアクションを知る

　次に、ユーザーのとった行動を知ることができる3つの機能を紹介します。

③ユーザーの行動

　Googleの検索結果やGoogleマップでの表示に対してウェブサイトへのアクセスボタンを押したり、ルートのリクエストをしたり、電話をしたりした回数を日ごとに集計したグラフです。Googleマイビジネスに登録

■図5-4　「ユーザーの行動」の画面

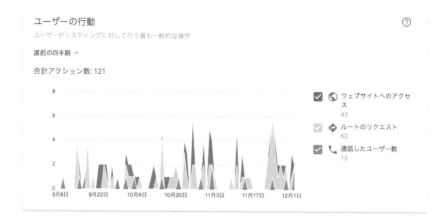

した結果として、得られる成果を感じることができる集計表です（図5-4）。

図5-4の検索した回数のデータとつき合わせれば、検索回数が何回あれば電話着信が何件見込めるといった分析も可能です。

インターネットを活用して受注や顧客獲得をしている会社などは、「インサイト」よりももっと詳細なデータが取得できる「Googleアナリティクス」や「Search Console（サーチコンソール）」といったサービスを利用し、「ウェブサイトからの購入件数は何件か」などの数値を割り出し指標として活用しています。

一般にコンバージョン（CV）といった言葉やKPI（キーパフォーマンスインジケーター）といった用語がそれにあたります。集計、分析に興味がある方は、このようなキーワードを手がかりに、インターネットマーケティングを学んでいくと面白いと思います。

④運転ルートのリクエスト

お店の検索結果やGoogleマップでのお店情報を表示したときに「経路案内」をタップすれば、現在地や指定した場所から目的地までのルート検索ができます。

この機能は、ルートの検索をするときに移動手段を車にしたときの回数と、どこからルート検索されたかが表示されます。

どこからかは、地図上に出発地点が多いところほど赤く表示される「ヒートマップ」という形式で表現されます。お店に来るお客様はどこからくる人が多いのかが一目でわかります。

ただし、実際にこの項目が表示されるのに十分なデータが揃うのは車での来客という前提なので、郊外の車で訪れるお店です。都心のお店は車より公共交通機関の利用が圧倒的に多いので「データが不十分です」という表示のままのお店が多数でしょう（図5-5）。

■図5-5 「運転ルートのリクエスト」の画面

運転ルートのリクエスト
ビジネスまでの運転ルートのリクエストで出発地になった場所
直前の四半期

データが不十分です

⑤電話着信件数

　ユーザーの行動でも表示されていた、通話したユーザー数の集計です。検索結果やGoogleマップで表示されるお店の情報のうちの、電話番号をタップして電話をかけてきたタイミングと回数になります。

　電話回線で通話できるスマートフォンでは、電話番号をタップすればそのまま電話をかけることができます。集計期間の切り替えの他、着信した曜日、もしくは着信した時間帯で表示を切り替えることができます。図5-6は着信した曜日ごとに表示されたもので、図5-7は着信した時間帯ごとに表示されたものです。

▶混雑する時間帯

　「混雑する時間帯」とは、検索結果やGoogleマップでお店の情報に表示される「訪問数の多い時間帯」として表示されるデータのことです（図5-8）。このようなデータをどうやって集計するのだろうと思うかもしれません。

■図5-6 「電話着信件数」の画面①。着信した曜日ごとに表示される

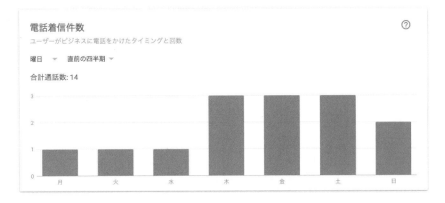

■図5-7 「電話着信件数」の画面②。着信した時間帯ごとに表示される

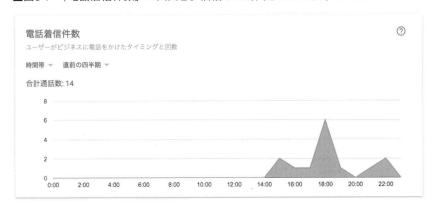

　これは、ユーザーが持つスマートフォンで「Googleロケーション履歴」をオンにしていると位置情報がGoogleに送信されるので、そのデータをもとに割り出されています。

　Googleロケーション履歴はGoogleが提供している機能なのでAndroidのスマートフォンのみだと思うかもしれませんが、iPhoneやiPadでも「Googleアプリ」やブラウザでロケーション履歴をオンにしていると、位置情報が記録されGoogleに送信されます。

■図5-8 時間帯ごとの訪問数がグラフで表示される

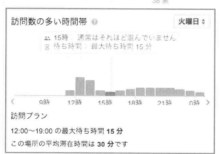

集計されたデータが十分集まると、この「混雑する時間帯」に時間帯ごとの訪問数が棒グラフで表示されます（図5-9）。

■図5-9 「混雑する時間帯」の画面

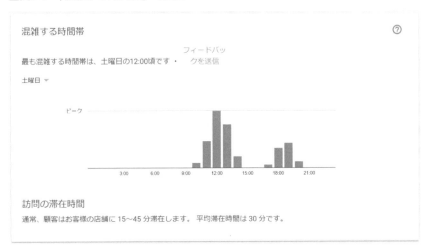

▶③写真の投稿が十分か把握する

最後に、「写真」の機能を紹介します。写真の投稿数が多いと、Googleがお店の掲載順位を上げる傾向にあるため、特に大事な項目です。

⑥写真の閲覧数

インサイトの一番下にある2つの欄は写真に関するものです。

写真の閲覧数は、アップロードした写真がGoogleマップで表示された回数です。右には、選択した期間での表示回数と、近隣の同業他社の写真の表示回数が表示されます。「同業他社」の表示は、近隣に同業の店舗が登録されていないと表示されません。

Googleは、写真の点数が多いほど情報が豊富になり、ユーザーにとっていいことであると考えています。ですから、写真投稿につながるリンクが要所要所に貼られています。この写真閲覧数の下にもあります。

図5-10も「お客様の写真は同業他社よりも表示回数が18.9%多くなっています。もっと写真を投稿して差をつけましょう」という文言が表示され、写真投稿へのリンクが貼られています。

　写真点数が多いほどユーザーが得られる情報が多くなり、ユーザーもより多くの写真を見ることを潜在的に望んでいると想像することができます。Googleは内部的な仕様を公開していませんが、アップロードされた写真の点数が多いほど、お店の情報の掲載順位に優位に働いていると思われます。

■図5-10　「写真の閲覧数」の画面

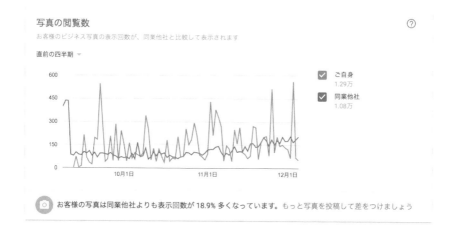

▶写真の枚数

　Googleマイビジネスの管理画面「写真」からアップロードした写真の枚数です（図5-11）。こちらも近隣の同業他社との比較になります。近隣に同業他社がない、もしくは登録されていないと同業他社の情報は表示されません。

　写真の閲覧数と同様に、同業他社と写真の登録点数を競わせる仕組みになっています。ここからも、写真の数は多いほうがいいというGoogle

の考えがわかります。

■図5-11 「写真の枚数」の画面

「あまり撮るものがない」と思う方もいるかもしれません。そうであれば、もう一度、第4章の「登録できる写真の条件とカテゴリー」を読み返してみましょう。撮るものをカテゴリー分けしていけば漏れなく、確認できます。

また、同じものを撮った写真を複数アップロードしてはいけない理由はないので、角度を変えてみたり、光の当たり具合や構図を変えてみたりして撮影して投稿しましょう。

Googleマイビジネスは、360°のパノラマ写真も投稿可能です。最近は「RICOH THEATA（リコーシータ）」といったパノラマ写真撮影可能なカメラを持っている方も増えてきているので、それを借りてお店の中を撮影してみるのもいいでしょう。価格も2万円程度なので、お店の備品として購入するものいいと思います。

・RICOH THEATA（リコーシータ）
　https://theta360.com/ja/

第 6 章

Google マイビジネス以外の
ウェブサービスにも登録しよう

Google マイビジネス以外のウェブサービスにも登録する目的は、2つあります。ひとつめは、同じ名前と住所の登録があることで、情報の確かさを Google 検索のエンジンに伝えるため。2つめは、他のウェブサービスに掲載されているレビューなどの付加情報を連携させるためです。

6-1 Googleマイビジネスは他のウェブサービスを巡回している

Google マイビジネスには、他のウェブサービスの情報が付加されている。その仕組みとは？

▶Googleマイビジネスに他のウェブサービスが付加された飲食店の例

飲食店の場合、グルメサイトに掲載されることが多いので、グルメサイトの評価が連携されて表示されます。

図6-1は、高田馬場にあるたこ焼きBARのGoogleマイビジネスの掲載状況です。

■図6-1　高田馬場にあるたこ焼きBARのGoogleマイビジネスの掲載状況

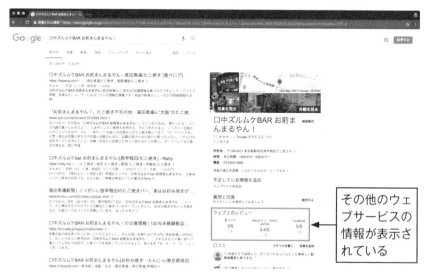

その他のウェブサービスの情報が表示されている

128

ウェブ上のレビュー欄には、食べログ、Yahoo!ロコ、Facebookのレビュー状況が表示されています。これはたまたまこの3つのサイトにお店のレビューが掲載されていて、それが同一店舗だと認識されたため、Googleマイビジネス上でも表示されているわけです。この他のレビューサイトが表示されることもあります。また、レビューサイトに掲載されているにもかかわらず、この欄に表示されない場合もあります。

▶Googleマイビジネスに他のウェブサービスが付加されたライブハウスの例

図6-2は高田馬場にあるライブハウスのGoogleマイビジネス掲載状況です。「このビジネスのオーナーですか？」と表示されているのでオーナー確認が済んでいない状態ですが、イベント予定が3件表示されています。

■図6-2　高田馬場にあるライブハウスのGoogleマイビジネスの掲載状況

「イベント」をタップすると1か月先までのイベント予定が表示されています（図6-3）。

■図6-3　1か月先までのイベント予定が表示される

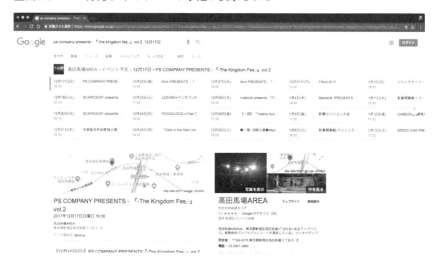

　飲食店と違い、ライブハウスはGoogleにクロール（クローラーと呼ばれるインターネットの上にあるウェブサイトやホームページの情報をかき集めるロボットが自分のサイトに来ること）されたイベント予定が紐づけて表示されます。
　このライブハウスの場合は、e+（イープラス）のチケット情報サイトにこのライブハウスのチケット情報が掲載されているため、表示されているのです。

▶他のウェブサービスの情報が紐づけられる仕組み

　なぜ、Googleが他のウェブサービスの情報とGoogleマイビジネスの店舗登録情報を紐づけることができるのでしょうか。そのカラクリを簡単に説明します。

　ウェブサイトは、HTMLというウェブ上のルールで記述されているテキストで成り立っていて、簡易的なサイトの場合、HTMLのみで完結させられます。

もう一方で、ウェブサイト制作側は、ウェブサイトを検索サイトに適切に登録してもらい、検索結果にできるだけ上位に表示されたいという事情もあります。Googleも、検索する人によりよい情報を提供したいため、適切に登録したいと思っています。

　この状況を解決するために、ウェブサイト制作側が通常のHTML以外に、「店名はここ」「電話番号はここ」「住所はここ」という具合に目印を埋め込み、その目印をもとに検索サイト側がお店の情報を蓄積することができるように、記述ルールが生まれました。
　このルールはschemas（スキーマ）と呼ばれています。スキーマとは、ここでは「文章構造の定義」という意味です。
　このスキーマは、schema.org（http://schema.org/）という団体により策定されており、この団体はGoogle、Microsoft、Yahoo!、Yandexという検索サービスを提供する各社により設立されています。例えばレストランの場合、図6-4のようにルールが決まっています（http://schema.org/Restaurant）。

■図6-4　schemas（スキーマ）で定義されているレストランの項目

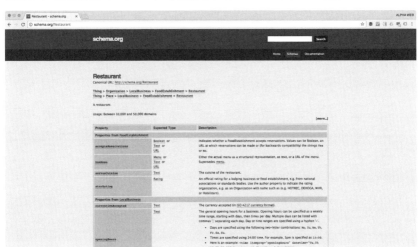

食べログやYahoo!ロコといったウェブサービスは、このスキーマのルールに基づいてウェブページを作成しているため、Googleが適切にレビュー内容を取得し、検索結果やGoogleマイビジネスに付加して表示することができるのです。

▶紐づけてもらうために「NAP」に気を配る

それに対して、Googleマイビジネスを登録するお店側で気をつけるべきことを挙げてみます。

基本的には、食べログなどのウェブサービスに掲載された情報が「ウェブ上のレビュー」や「イベント予定」にどのタイミングで紐づけされ、Googleマイビジネス側に転載されるのかは、Googleからルールが開示されていないためわかりません。ただし、適切に紐づけされるように気を配っておいたほうが、より早く転載されると考えられます。

では、気を配るべきはどのような事柄でしょうか。それは、第2章でも説明したNAP＝「店名（Name）」「住所（Address）」「電話番号（Phone）」です。

この3つの情報が同じであれば、Googleに「同じお店である」と判断され、ウェブサービスの情報と紐づけされるようになります。逆に、入力ミスがあったり、「表記のゆれ」や違いがあると、違うお店だと判断されて紐づけされない場合もあるので、注意してください。

Googleマイビジネスで店名、住所、電話番号を正確に登録するのはもちろん、表記が違った場合、例えば食べログだと店舗会員に登録して、表記がGoogleマイビジネスと同一になるように修正をしましょう。

食べログに限らず、だいたいのお店紹介型ウェブサービスはお店のオーナーからの修正依頼を受けつけてくれるので、なるべく表記が統一されるように気を配るようにしてください。

6-2 店舗情報が登録できるウェブサービスとは?

飲食店は登録が必須の著名なグルメサイト4つを押さえよう

▶グルメサイト4強とは?

グルメサイトは需要も多く、参入も比較的容易なので、大小合わせるとかなりの数があります。

Googleマイビジネスの登録とあわせて登録したほうがいい4つのグルメサイトに絞って登録するだけでも、効果は高いものがあります。その4つを紹介します(図6-5)。

■図6-5　Googleマイビジネスとあわせて登録したほうがいい4つのグルメサイト

サービス名 (URL)	訪問者数 (Similarweb.com で調査)	月間利用者数 (各社媒体資料 より)
食べログ (https://tabelog.com/)	9310万人	1億449万人
ホットペッパーグルメ (https://www.hotpepper.jp/)	6020万人	ー
ぐるなび (https://www.gnavi.co.jp/)	4470万人	6100万人
Retty (https://retty.me/)	1690万人	2700万人

訪問者数は、SimilarWeb (https://www.similarweb.com) という、ウェブサイトのアクセス分析をしているサイトで提供している2017年12

月の集計分から転載しています。

多少の誤差はあると思いますが、それぞれSimilarWebが第3者としてインターネット上で調査しており、同じ手法で計測しているので、比較には利用できるでしょう。

月間利用者数は、各社が媒体資料として発表している内容から転載しています。ぐるなびとRettyは2016年12月、食べログは2017年9月の数値です。ホットペッパーグルメはサービスの指標を利用者数ではなく、そのサイトからの予約数や予約可能店舗数のほうに重きを置いているようで、月間利用者数は公表していないようです。

この4つのサイトの中で、ホットペッパーグルメが唯一掲載料金が必要なグルメサイトです。食べログ、ぐるなび、Rettyの3サイトは有料プランも用意されていますが、店舗オーナーとして無料で掲載可能なので、まずはこの3サイトに登録してください。

第2章で準備した店名、住所、電話番号（NAP）をはじめとした店舗情報を、スマートフォンやPCのメモアプリなどに入力しておけば、あとはそれぞれ店舗情報をコピーペーストするだけです。

「ぐるなびはどうだろう？」「Rettyって何？」などと考える方もいるかもしれませんが、無料ですから迷わずに、すぐに登録してしまいましょう。店舗情報への入り口を増やしておくに越したことはありません。

ホットペッパーグルメは有料なので躊躇するかと思いますが、最初から有料掲載をしなくても大丈夫です。リクルートが運営しているサービスには、街のお店情報 by Hot Pepperというウェブサービスがあります。こちらは飲食店以外も登録できる無料のサービスです。お店のミカタ（https://omisenomikata.jp/）というサイトから店舗情報を登録できます。

▶その他の店舗情報を登録できるグルメサイト

他にも飲食店を登録できるサイトがあります。余裕があれば登録しておきましょう。

・Yahoo! ダイニング
(https://reservation.yahoo.co.jp/business/)

2017年6月にYahoo!飲食店予約がリニューアルし、Yahoo!ダイニングになりました。それに伴い、店舗の登録も有料になっています。

Yahoo!検索での表示とYahoo!プレミアム会員向けの優遇サービスなので、ターゲットの顧客が重なるのであれば利用してみるのもいいかもしれません。

ただし、第1章で紹介したように、Yahoo!検索のシェアは3割、Google検索よりYahoo!検索のシェアが上回るのは55歳以上のユーザーです。そして、55歳以上の検索サイトユーザーの割合は6％弱です。つまり、顧客層に特別な理由がない限り、Yahoo!ダイニングは使わなくてもいい、ということです。

・favy（https://page.favy.jp/price）

favyページという、お店のホームページが簡単に作成できるサービスがあります。favyは飲食店検索・予約サイト、口コミサイトではなく、グルメメディアです。飲食店の記事がSNSなどで拡散されて、記事経由で店舗情報にたどり着くという流れです。

無料のホームページは、Googleマイビジネスで作成可能なので、まずGoogleマイビジネスでサイトを作成し、余裕があれば作成してみるというスタンスで大丈夫でしょう。

6-3 飲食店以外の店舗も登録できるウェブサービスとは？

飲食店以外の店舗が登録できるウェブサービスは少ないからこそ、ぜひ登録しておこう

▶無料で登録できるウェブサービスの数々

飲食店以外の小売店舗も登録できるサービスがあります。

先に紹介した街のお店情報 by Hot Pepperとエキテンは、無料で店舗情報を登録できます。

・エキテン（https://www.ekiten.jp/）

店舗の口コミ・ランキングサイトです。日本全国のあらゆる業種のお店が無料で登録可能です。

Googleマイビジネスに登録し、エキテンにも登録しておくと、Googleマイビジネスで同一店舗と認識されます。エキテンで口コミがつくと、Googleマイビジネスの表示欄にエキテンの口コミ数の表示がされるようになります。

エキテンのビジネスモデルは、有料の正会員として登録されることと、ウェブサイトの制作です。まずは無料会員として登録し、成果が出そうかどうか検討したほうがいいかと思います。

・街のお店情報 by Hot Pepper
（https://hotpepper.omisenomikata.jp/）

先に紹介した街のお店情報 by Hot Pepperです。掲載するにはお店の味方（https://omisenomikata.jp/）に店舗情報を登録してホームページ

作成をし、その後、店舗情報の審査を受ける必要があります。掲載費用は無料です。

・Foursquare（https://ja.foursquare.com/ ）

Foursquare（フォースクエア）は、Googleマイビジネスのように利用者が先に店舗情報を登録している場合があります。その店舗情報を管理するためには初期費用の支払いが必要です。

店舗情報の登録は、Foursquareビジネス向け（http://ja.business.foursquare.com/ads/）から登録します。

FoursquareにはFOURSQUARE CITY GOUIDEとFOURSQUARE Swarmというサービス（アプリ）があります。

CITY GOUIDE（シティーガイド）は、自分が信頼しているコミュニティからのおすすめつきで新しいスポットを見つけることができるサービスです。

Swarm（スウォーム）は、行った場所やスポットを記録に残せるライフログアプリです。店舗オーナーが店舗情報を登録修正したり、チェックインなどの状況を確認したりするには初期費用としてクレジットカードの登録をして20ドルを支払う必要があります。

これらのウェブサービスに登録すると、店舗情報が複数の信頼できるウェブサービスに存在することで、ライバル店舗より優位に評価される可能性が大きくなります。

まずは無料で登録できるサービスにどんどん登録していくことをおすすめします。

6-4 海外からのお客様にアピールするときに登録するウェブサービス

中国語圏のお客様へは百度地図、それ以外はトリップアドバイザーに登録しよう

▶中国語圏、英語圏のお客様へアピールするには？

　Googleマイビジネスに登録すると、店名以外の住所や店舗のカテゴリーなどの情報は、他の言語で閲覧するとその言語で表示されます。つまり、海外からのお客様、日本語が読めない方も住所やカテゴリー、タグ情報をもとに店舗を探すことが可能なのです。
　それ以上にもっと海外からのお客様にアピールしたいお店の方に、登録可能なウェブサービスを紹介します。

▶百度地図APP（Baidu Maps）に登録する

　まずは、中国人観光客をターゲットとした方法を紹介します。
　中国国内では、金盾（きんじゅん）というインターネットの情報検閲システムが稼働しています。金盾のファイアーウォール機能で、中国国内からは海外のウェブサイトなどへ自由にアクセスできないといった制約があります。中国国内からは、基本的にGoogleの検索をはじめとしたGoogleの各種サービスが利用できないのです。この機能はGreat Wall（万里の長城）になぞらえてGreat Firewall（グレートファイアウォール）と呼ばれています。

　では、中国の方は何を利用しているかというと、Googleの検索や

■図6-6　百度地図（iOS版）

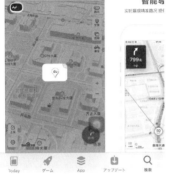

Googleマップに相当する同様の中国国内企業によるサービスを利用しています。中国国内でGoogleマップに相当するサービスは百度地図（Baidu Maps／バイドゥマップ）です。

百度地図にはウェブ版（ブラウザ版）の他に、iOSやAndroid対応のスマートフォンアプリもあります（図6-6）。

百度の日本法人であるバイドゥ株式会社によって、2016年から百度地図日本版が提供開始され、その日本地図に店舗情報が登録できるようになりました。

簡体中国語で表示される日本の地図と対応アプリがリリースされたことで、百度地図を利用する中国語圏のお客様はかなり多いと想像できます。

図6-7はJR山手線・高田馬場駅付近を百度地図アプリで表示した画像です。

百度地図のリリース当初は、日本の代理店による登録代行サービスが存在しましたが、現在は代理店による代行サービスは停止されているようです。

百度地図に店舗情報を掲載するには、現在のところ、百度地図のサイト

■図6-7　百度地図でJR山手線・高田馬場駅付近を表示

ですでに登録されているのであれば管理権限を取得、登録されていないのであれば地点を登録する作業が必要です。いずれにせよ、百度のアカウントを取得し、百度地図のサイトからGoogleマイビジネスと同じような登録作業をする必要があります（図6-8）。

■図6-8　百度地図の地点管理トップページ

▶GoJapan（去日本）に登録する

中国人旅行者向けに日本の観光情報に特化した旅行メディア、GoJapan（去日本）があります。こちらは、スマートフォンアプリでiOS版、Android版があります（図6-9）。

■図6-9　GoJapan（iOS版）

■図6-10 GoJapanで高田馬場のラーメン店を検索①

■図6-11 GoJapanで高田馬場のラーメン店を検索②

　株式会社ゴージャパンが運営しており、中国人旅行者は百度地図とこのGoJapanを併用して日本を観光しているようです。

　GoJapanによると、中国本土だけでなく、台湾や香港からの旅行者もこのアプリを数多く使っているそうです。

　GoJapanで高田馬場のラーメン店を検索してみました（図6-9、図6-10）。GoJapanに登録するには株式会社ゴージャパンのウェブサイトから申し込む必要があります。

・GoJapan
　https://www.go-japan.co.jp/

▶トリップアドバイザーに登録する

　トリップアドバイザーは、世界最大の旅行コミュニティです。
　ここには231の国、地域についてホテル、航空券、レストラン、観光

情報を提供するウェブページがあります。それらの情報を49のサイト、28の言語によって提供しています（2018年1月現在）。

図6-12は、「新宿区＋レストラン」で検索した結果の画面です。

■図6-12　トリップアドバイザーで「新宿区＋レストラン」で検索した結果

中国語圏の旅行者だけでなく、世界各国からの旅行者をターゲットにするのであれば、トリップアドバイザーに登録しましょう。

「トリップアドバイザー - オーナーとして登録する」というページから、すでに店舗情報が登録されていないか検索して、旅行者によってすでに登録されていれば、その情報とあなたのオーナーとしてのアカウント情報を紐づけます。

・トリップアドバイザー - オーナーとして登録する
　https://www.tripadvisor.jp/Owners

もし登録されていなければ、検索ボックスの下にある「今すぐ掲載する」から新規で登録します（図6-13）。申請者の情報も同時に登録し、店舗との関係を申請すれば管理画面が利用できます。

トリップアドバイザーへの掲載は、費用が無料の「ベーシック」と、有料の「プレミアム」があります。店舗情報の編集や口コミへの返信は「ベーシック」で利用可能です。

■図6-13　トリップアドバイザーの登録画面

　「プレミアム」では、店舗情報ページの最上部に写真や口コミをあしらったレイアウトにすることができます。さらに、お店のウリ3つを説明する場所を追加でき、分析画面では競合店舗との比較ができるようになります。

　「プレミアム」への掲載費用はトリップアドバイザーへのトラフィック量（どれだけその情報にアクセスされているか）に応じて決定されます。店舗情報を選択するか新規に登録し、プレミアムプランの申し込み画面で店舗情報を選択すれば費用が表示されます。1店舗あたり、おおむね年間6万～9万円程度の費用がかかるようです。

Column トリップアドバイザーはあらゆる国と地域を網羅している

　トリップアドバイザーは、月間の利用者が4億5500万人、750万件の宿泊・観光施設、レストラン、航空会社が登録され、6億件の口コミが投稿されています。対象とする地域は地球上のあらゆる場所のようで、231の国と地域について、ホテル、観光情報、レストラン、航空券のタブがついたページが用意されています。対象地域のページを自動で作成しているからなのか、意図があるのかはわかりませんが、こんなところのページもあるのかと思いをはせるページがあります。そんなページを3つ紹介します。

　日本のクルーズ船「飛鳥Ⅱ」が世界一周クルーズで南極大陸も航路に入れたことがあるように、南極大陸も観光地です。「飛鳥Ⅱ」は南極半島に近接したそうですが、トリップアドバイザーには南極半島のページが用意されています。

　南極半島は、アルゼンチンから一番近い地域です。クルーズ船だけでなく、一定の観光客もアルゼンチンから南極半島に向かいます。南極半島の観光スポットページは13カ所のスポット、388件の口コミが登録されています（2018年2月現在）。

　さらに南極大陸のページも用意されていました。南極半島には立ち寄ることができる観光スポットがあるようですが、南極大陸にはさすがにホテル、レストランはもとより、観光スポットもないようです。写真が登録されていますが、ほとんどが南大西洋の南部にあるイギリス領の島々のものです（図L）。

■図L　南極大陸の旅行ガイドページ

　ジョンストン環礁もトリップアドバイザーにページがあります。ハワイ諸島のオアフ島から西に約1500km離れた位置にあり、ジョンストン島と3つの小島からなるアメリカ合衆国領です（図M）。

■図M　ジョンストン環礁の旅行ガイドページ

このジョンストン環礁は、現在は無人島で島への立ち入りは禁止されています。
　この島は、1958年からは高高度核爆発実験のための打ち上げ基地として、1962年からは衛星攻撃のためのミサイル実験の場として利用されていました。1971年からは化学兵器の保管庫が置かれ、化学兵器の廃棄を進める設備（ジョンストン環礁化学物質廃棄施設・JACADS）がその後稼働し、沖縄の米軍基地に配備されていた化学兵器なども分解処理されたそうです。2003年に化学物質廃棄施設は解体後更地にされ、地表は除染されたものの立ち入り禁止になりました。
　さて、私たちはジョンストン環礁に観光で行くことができる日がくるのでしょうか。

　最後は、かつては観光することができた国「イエメン」です。
　イエメンは、正式名称イエメン共和国といい、アラビア半島南端部に位置する国です。首都サナアの旧市街は世界最古の街ともいわれ、世界文化遺産に指定されています。
　トリップアドバイザーでは訪れることができたころの由緒ある美しい街についての口コミが多数掲載されています（図N）。

　イエメンでは2015年にクーデターが起こり、今も内戦が続いています。
　2018年2月20日の毎日新聞の記事には、「来日中のマーク・ローコック国連事務次長（人道問題担当）が20日、東京都内で毎日新聞の取材に応じた。内戦が続き、感染症も拡大しているイエメンについて、人口約2700万人のうち2299万人以上が食料や医療の支援を必要としており、『世界で最も深刻な人道危機に直面しており、国際社

■図N　観光スポット、サナア旧市街のページ

会の支援が必要だ』と訴えた。」とあります。
　日本の外務省はイエメン全土に「レベル4　退避勧告」を出しています。この街に平穏が戻ることを祈らずにはいられません。

第 7 章

SNS での集客も押さえておこう

お店の情報の登録ができたら、引き続き SNS での情報拡散にも取り組みましょう。SNS はどちらからというとファン作り、リピーター獲得に向いています。本章では、主な SNS の利用者とその傾向、そしてはじめ方を説明します。LINE 公式アカウントは特に重要なツールとなるので、ぜひ押さえておいてください。

7-1 どのSNSを使ったらいい？

SNSは利用者数と、利用者の特徴を理解してから使ってみよう

▶主要なSNSの利用者数と利用者の特徴を把握しよう

SNSとは、社会的なネットワークが構築できるサービスやウェブサイトのことです。ソーシャル・ネットワーキング・サービス、もしくはソーシャル・ネットワーキング・サイトの英単語の頭文字からきています。

ウェブサイトやスマートフォンアプリで提供されるSNSは多数ありますが、本書で取り上げるのは日本で多くの方が利用しているFacebook（フェイスブック）、Instagram（インスタグラム）、Twitter（ツイッター）、LINE（ライン）の4つです。

まず、それぞれのユーザーの特徴と、ユーザー数を紹介します。

図7-1を見てください。「国内月間利用者数」とは、1か月あたりの利用者数です。登録しているものの使っていない人は除かれます。Monthly Active Usersの頭文字をとって「MAU」とも呼ばれます。

参考までに、図7-2でさらに詳しい「主なSNSの利用率（2016年 全体・性年代別）」も紹介します。

■図7-1 主要SNSのユーザー数とユーザーの特徴

SNS名	国内月間利用者数（MAU）	ユーザーの特徴
Facebook	2600万人（2019/04）	20代、30代男女が主体。30代女性の利用率は約6割。
Instagram	3300万人（2019/03）	30代以下の女性が主体。10～30代女性の利用率が約4割。
Twitter	4500万人（2018/10）	10代、20代男女が主体。10代、20代男女の利用率が約6割。20代女性は約7割。
LINE	7900万人（2018/12）	10～60代すべてで利用率トップ。20代、30代では男女とも利用率9割を超える。

※Facebook、InstagramはCNET JAPANの記事（https://japan.cnet.com/article/35139021/）より。
※Twitterは、Internal 2018年10月より。
※LINEは、「はじめてみよう！ LINE公式アカウント」より。
※ユーザーの特徴は「平成29年版情報通信白書」（総務省）より。

■図7-2 主なSNSの利用率（2018年 全体・性年代別）

	LINE	Facebook	Twitter	Instagram
全年代(N=1500)	75.8%	31.9%	31.1%	25.1%
10代(N=139)	86.3%	21.6%	67.6%	37.4%
20代(N=216)	95.8%	52.3%	70.4%	52.8%
30代(N=262)	92.4%	46.6%	31.7%	32.1%
40代(N=321)	85.4%	34.9%	24.3%	23.7%
50代(N=258)	67.1%	26.7%	16.3%	14.7%
60代(N=304)	39.8%	10.5%	5.9%	4.3%
男性(N=757)	72.4%	33.7%	32.9%	19.4%
10代(N=71)	81.7%	23.9%	69.0%	29.6%
20代(N=111)	96.4%	48.6%	73.9%	40.5%
30代(N=134)	88.8%	45.5%	35.8%	18.7%
40代(N=163)	81.6%	39.9%	23.3%	19.6%
50代(N=129)	58.9%	28.7%	14.0%	14.0%
60代(N=149)	36.9%	14.1%	9.4%	4.0%
女性(N=743)	79.3%	30.0%	29.3%	31.0%
10代(N=68)	91.2%	19.1%	66.2%	45.6%
20代(N=105)	95.2%	56.2%	66.7%	65.7%
30代(N=128)	96.1%	47.7%	27.3%	46.1%
40代(N=158)	89.2%	29.7%	25.3%	27.8%
50代(N=129)	75.2%	24.8%	18.6%	15.5%
60代(N=155)	42.6%	7.1%	2.6%	4.5%

※（出典）総務省情報通信政策研究所「情報通信メディアの利用時間と情報行動に関する調査」（上記4つのSNS以外のデータは除いて再加工しました）。

▶ **顧客ターゲットが40代以下なら、SNSは使ったほうがいい**

　これらのデータからわかることは、あなたのお店の顧客ターゲットが40代以下の世代であれば、少なくともいずれかのSNSは集客の手段として使える、ということです。

　主要な顧客ターゲットが男女どちらなのか、世代はどのあたりなのかはイメージしていることと思います。そのイメージする層と相性のいいSNSを選んで、活用していけばいいのです。

　例えば、カフェ、エステサロン、美容室を運営していて、新規顧客獲得を目的とするのであれば、30代以下の女性がメインターゲットなので、その層によく使われるInstagramは定番となります。

　ラーメン、カレー、丼物などの飲食店さんはTwitterでしょうか。Twitterは新規顧客と、すでに来店したお客様の固定客化、両方を可能にすることがあります。Facebook、LINEは、新規顧客よりは、来店したお客様とつながって、それ以降のお店の情報提供をしていく手段になるでしょう。

　大事なことは、ターゲットとするお客様の性別、世代によるSNSの選択です。そして、新規顧客獲得に力を入れるのか、もしくは一度来たお客様の常連客化、お店のファン化を狙うのかで、使用すべき使うSNSは自ずと決まってきます。

　それぞれの特徴と、商売用で利用するときの登録方法を次節から解説していきます。

7-2 Instagramを活用しよう

30代以下の女性がメインターゲットなら、Instagramの「ビジネスプロフィール」を作成しよう

▶Instagramでは何ができる？

　Instagramは無料の写真共有アプリケーションです。日本では「インスタ」と呼ばれて定着してきています。美しい写真や印象的なシーンの写真をInstagramにアップすることを「インスタ映え」といい、流行語にもなりました。

　Instagramは2010年にiPhone向けアプリとしてリリースされ、2014年2月からは日本語アカウントも開設されたため、一気に利用者が増えはじめています。2019年3月には日本での月間利用者数が3300万人と発表されています。

　ユーザーは、30代以下の女性の割合が多いです。自店の商売のターゲットが若い女性であれば、まずはInstagramの商売用アカウントを作成しましょう。

　Instagramでは、ハッシュタグという「#」を単語の先頭につけた文字列を、投稿する文章の中で使います。ハッシュタグを経由して、それまで知らなかった他の利用者に投稿を見つけ出してもらうことができます。

　ハッシュタグをつけると、それ以降の文字列がキーワードと見なされてタップが可能になります。タップすると、同じ文字列をつけた投稿をまとめて見ることができます。このとき、自分自身とつながってない他

の登録者の投稿が見えるようになります。この仕組みによって、まだあなたのお店を知らない人でも、ハッシュタグをつけたあなたの投稿を見ることができるのです。

　ハッシュタグを使わなくても投稿はできますが、投稿を多くの利用者に見てもらえるよう、投稿する写真やお店にまつわるキーワードをハッシュタグにして投稿する文章の中で使ったり、文末に羅列したりするのが効果的です。

▶Instagramを商売で使う「ビジネスプロフィール」

　Instagramを商売用に利用するには、「ビジネスプロフィール」とし

■図7-3　私のInstagramアカウントを「ビジネスプロフィール」に変更する

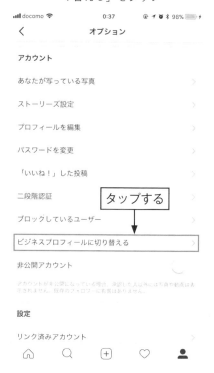

■図7-4　「ビジネスプロフィールに切り替える」をタップ

てアカウントを登録する必要があります。ビジネスプロフィールを使うためには、まずInstagramにアカウントを作成して、そのアカウントをビジネスプロフィールに変更する、という操作が必要になります。

私のInstagramアカウントは図7-3になりますが、こちらをビジネスプロフィールに変更してみましょう。

まずは上段右の歯車をタップします。アカウントの設定画面で「ビジネスプロフィールに切り替える」をタップします（図7-4）。

「Instagramビジネスツールへようこそ！」というページに切り替わり（図7-5）、そこから3画面、ビジネスプロフィールでできることの説明が続きます。

■図7-5 「Instagramビジネスツールへようこそ！」の画面

■図7-6 「Facebookにリンク」の画面

その後、「Facebookにリンク」という画面になります（図7-6）。「なぜFacebook？」と思うかもしれませんが、InstagramはFacebookが買収したサービスだからです。そして、ビジネスプロフィールを作成するためには、Facebookページを持っている必要があります。

　ここで、すでにFacebookページを持っている場合は「Facebookページをリンク」という画面になります（図7-7）。Facebookページを持っていないと「ページを作成」ボタンが表示され、ページの作成に進みます。簡単でいいので、作成して進めてください。「カテゴリー」を選択し、「Facebookページ」の名称を入力し、Facebookページを作成します（Facebookページに関しては次節で説明します）。

　その後は、作成したFacebookページをリンク画面でリンクさせます。

■図7-7　「Facebookページをリンク」の画面

■図7-8　ビジネスプロフィールを入力

プロフィールを入力

リンクをしたら、ビジネスプロフィールを入力します。といっても、問い合わせ用のメールアドレス、電話番号、住所の3点です。ここに入力したものが公開されるので、もし電話番号を公開したくなければ空欄のままにしておけばいいでしょう（図7-8）。

　右上の「完了」をタップすると「ようこそ」の画面に切り替わり完成です（図7-9）。私のInstagramアカウントの画面に、「電話する」「メール」「道順」のボタンが加わりました。さらに、右上にグラフの図柄が増えています（図7-10）。

　図7-11では、ビジネスプロフィールを作成したばかりで表示するデータがないため、表示する情報が少ない状態です。ビジネスプロフィール

■図7-9　「ようこそ」の画面に切り替わる

■図7-10　Instagramアカウントの画面に各種ボタンが加わった

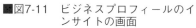

■図7-11　ビジネスプロフィールのインサイトの画面

にしたときからデータの収集がはじまり、どんどん表示されるようになります。

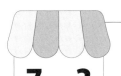

7-3 Facebookでお店のページを作ろう

Facebookは実名登録している方、かつリアルでつながっている友人知人へのお知らせだとわきまえよう

▶Facebookはすでにつながっている人への告知手段

　Instagramはハッシュタグをタップすることにより、フォローしていない人でも投稿された写真を見て、あなたのお店のプロフィールを見てもらうことができます。

　一方、Facebookの場合、基本的にはすでにつながっている友人・知人への告知手段だと考えましょう。つまり、友人・知人が投稿をシェアしてくれたときに、その投稿を見た友人・知人につながっている人々、そしてFacebookページに「いいね」をした人までにしか投稿内容が伝わらないからです。

　そして、個人としてつながっている友人・知人は、必ずしもお店の来店者ではないので、リピート客狙いに使えるというわけではありません。

　それを考えると、新規見込み客を狙えるInstagramと、次節で紹介する友だちになった人にメッセージやクーポンを送ることができるLINE公式アカウントとを比べてみると、集客ツールとしてはいまいちな側面があります。

　ただし、InstagramとFacebookはアカウントが紐づけられていて、Instagramに投稿するとその内容がFacebookページにも連動して投稿されるので、設定はそのままにしておいていいと思います。

Facebookページへの投稿は、Facebookページへ「いいね」をした人のタイムラインに表示されるので、せっかくなのでその投稿を自分でシェアすると、自分とつながっている人のタイムラインにも表示されます。

■図7-12　Facebookページでの投稿を自分のアカウントでシェアする

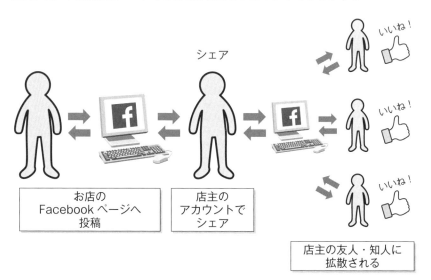

▶Facebookページを作成してみよう

　すでに個人でFacebookアカウントを持っていれば、すぐにFacebookページを作ることができます（個人のアカウントがなければ、Facebookページは作ることができません）。

　Facebookページを作るには、個人のアカウントからFacebookを開き、右上のボタンを押して「ページを作成」を選んでください（図7-13）。

　次に「ページタイプ」を選んでください。「ローカルビジネスまたはスポット」「会社または団体」など6種類の中から適切なタイプを選びます。お店で商売をやっている方は、複数店舗を管理する会社でない限りローカルガイドビジネスでいいでしょう。

■図7-13　個人のFacebookアカウントから「ページを作成」を選択

■図7-14　Googleマイビジネスで登録したものと同じ情報を登録

その後、カバー写真やプロフィール写真、所在地や営業時間など、基本的にGoogleマイビジネスで登録した内容と同じものを登録していきま

す（図7-14）。

　Facebookは比較的頻繁に、特にアナウンスもなしに表示項目やデザインを変更します。
　その変更も、一度にすべてのユーザーに対して更新をかけるのではなく、徐々に更新されるようです。手順を解説したインターネット上の資料と比べて見かけが違うといったこともよくあるので、そういった資料を絶対視せず、柔軟に対応していきましょう。

7-4 お店のファンになってもらうには LINE公式アカウント

お店に来たお客様に再度来店してもらう「リピート率アップ」が目的ならばLINE公式アカウントを活用しよう

▶LINE公式アカウントとは？

利用者が多く、利用率も高いLINEは、ぜひとも活用したいSNSです。

そのLINEが提供するLINE公式アカウント（以下LINE）は、個人のアカウントではなく、商用に利用できる店舗や、施設向けのアカウントになります。もし、すでにLINEの個人アカウントで商売の宣伝をしている場合、それはすぐにやめてLINEのアカウントを作成してください。個人アカウントを商用に使うのは規約で禁止されているので、アカウントを停止される恐れがあるからです。

集客ツールとして考える場合、LINEは他のSNSと少し勝手が違うことを理解しておきましょう。

他のSNSは、投稿した記事がシェアされたり、「いいね」されたりすることで、直接つながっているお客様以外にも情報が伝わっていきます。情報が伝われば、お客様とつながっている人、ハッシュタグでたまたま投稿を見た人などが来店する可能性があります。ご新規のお客様の誕生です。

それに対してLINEは、あらかじめ友だちとして追加してもらった人たちに一斉にメッセージを送ったり、クーポンを発行したり、個別に予約を受けつけたり、質問を受けたりするツールです。つまり、一度お店に来てLINEのアカウントを「友だち」として追加してくれたお客様が

対象です。

「友だち」に引き続きお店に来てもらうのが目的で、お客様のリピート率のアップ、お店へのファン化、常連客化を促進するSNSなのです。

■図7-15　LINE公式アカウントのサイト

▶LINE公式アカウントを作成する

それでは、ここからLINE公式アカウントの開設方法を解説します。

LINE公式アカウントには次の3種類のアカウントがありますが、ひとつずつ説明していきます。

・**プレミアムアカウント**
・**認証済アカウント**
・**未認証アカウント**

・プレミアムアカウント

　名称の前に緑の星のバッジが表示されます。媒体資料によると、「認証済みアカウントのうち、特に優良なアカウントは特別な審査を経てプレミアムアカウントを自動付与します。※認定基準は公表しておりません。」と説明されています。以前のLINE@というサービス名称の時の公式アカウント（大企業が多い）と、新たに審査を通過した企業・個人が対象です。プレミアムアカウントになれば、アカウント名の前に緑色の星のバッジが表示されます（図7-17）。

■図7-16　アカウント開設ページ

・認証済アカウント

　紺（青）のバッジが表示されます。認証済アカウントは、LINE株式会社で審査をするので、ユーザーにとっては安心感があります。また、LINEアプリ内での検索結果にも表示されます（未認証アカウントは表示されません）。申し込みの際に、「認証済アカウントを開設する」を選びます。

■図7-17　プレミアムアカウントの例

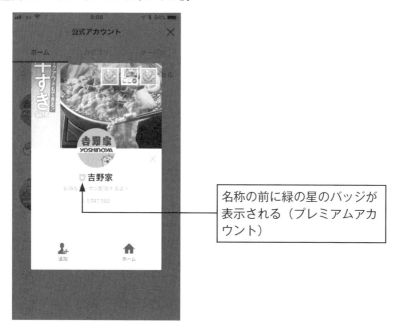

名称の前に緑の星のバッジが表示される（プレミアムアカウント）

■図7-18　認証済アカウントの申し込み画面

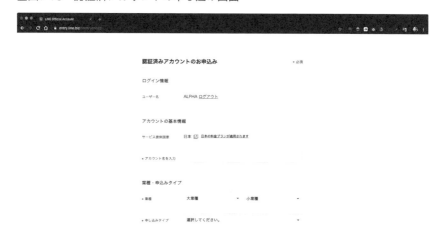

認証済アカウントの申し込み時には、「申し込みタイプ」を選択します。

・認証済アカウントの申し込みタイプ
・店舗
・企業、サービス、製品
・メディア
・公共機関、施設
・オンラインショップ
・ウェブサービス／アプリ

飲食店のように実店舗で商売をしていれば「店舗」を選択し、アカウントを作成します。

LINE公式アカウントには3つのプランがあり、図7-19のような料金と機能が設定されています。

■図7-19　LINE公式アカウントの3つのプランと料金設定

プラン	フリープラン	ベーシックプラン	スタンダードプラン
月額固定（税別）	0円	5,000円	21,600円
無料メッセージ数通	1,000通	15,000通	45,000通
追加メッセージ料金	不可	5円	～3円

　LINE公式アカウントの認証済アカウントを開設すると、タイムラインに投稿が表示されたり、アカウントが検索対象になったり、ユーザーとLINEチャット（個別にメッセージのやりとり）ができるほか、クーポンや抽選機能、ポイント制のLINEアプリ内でのショップカードが利用できます。
　また、店頭で使える販促ポスターのデータをダウンロードすることもできます。

・未認証アカウント

　灰色の星のバッジが表示される、個人、法人問わず誰でも取得できるアカウントです。料金は無料です。ただし、実店舗で商売をやっている場合は認証済アカウントのフリープランを利用したほうがいいでしょう。

▶**友だちになってもらうためには？**

　LINEにはタイムライン投稿機能がありますが、基本的には友だちに対してメッセージやクーポンを配信したり、1対1でやりとりをしたりして、再度来店してもらうのがメインです。そのためには、ユーザーに友だち追加してもらう必要があります。

　友だちに追加してもらうために、LINEには独自のノベルティが用意されています。お店のQRコードやIDを印刷した三角POPやショップカードを管理画面から発注できます。これらのノベルティをお店に配置し、スタッフがお客様に対応するときに「友だち追加しませんか？」とお声がけをしていきましょう。
　例えば飲食店なら、小鉢1品サービスやドリンク1杯サービスなど、友だち追加に対して得した感を与えるといいでしょう。
　LINEの活用法に関しては、『世界一わかりやすいLINE公式アカウントマスター養成講座』（つた書房）に詳しく解説されているので、よかったら参考にしてみてください。

7-5 Twitterの活用は難易度が高い

客層が若く、常に何か発信するならTwitterがおすすめ。ただし、フォロワー数を増やすのは難しい

▶Twitterでは何ができるのか？

　Twitterは、メッセージを140字以内でつぶやくSNSです。他人のつぶやき（ツイート）を読むためには、読みたい人をフォローする必要があります。逆に、自分のツイートを読んでもらうには、相手にフォローしてもらわないと読んでもらえません。

　自分のタイムラインに表示されるツイートは、フォローしている人のつぶやきと、フォローしている人がいいねしたり、リツイートしたりしたツイートです。ツイートは、タイムラインでどんどん流れていくので、タイミングが悪いと見逃されてしまいます。

　リツイートとは、自分が読んだツイートを他の人にも知らせたいときに、リツイートボタンを押して自分のフォロワーにも表示させる機能です。リツイートは、必ずしも気に入ったり同意したりしたツイートとは限りません。

　ツイートが多くの人の関心を引きつけて、数多くリツイートされることを「バズる」といい、数多く批判的にリツイートされることを「炎上する」といいます。

　Facebookは実名登録が基本で、紐づくInstagramもそれに準じます。通常は1人ひとつのアカウントで利用します。

それに対してTwitterは、1人で複数のアカウントを作成できます。そのため、普段メインで使っているアカウントの他に、「別アカ、裏アカ、サブアカ」といわれるアカウントを作って利用している人もいます。
　Twitterは10代、20代の利用者が中心です。ただし、仲間内でのやりとりが主な使われ方だともいわれています。

▶Twitterでの集客法とは？

　Twitterのつぶやきを他の人に読んでもらうためには、フォロワーが必要です。
　フォロワーを増やすには、「この人のツイートを今後も読みたい」と思わせる内容のツイートを続ける必要があり、InstagramやLINE@と趣が違います。
　さらに、バズらせるには、多くの人の琴線に触れるような投稿内容が必要です。
　結論としては、ターゲットにするお客様の年齢層が比較的低くて、かつキャッチーな投稿を続けられるのであれば活用したらいいと思います。そうでない場合、わざわざTwitterを集客のツールとして選択しなくてもいいと私は考えています。
　それよりもInstagramかLINE@をはじめるか、または次の章で紹介する独自ドメインを取得してブログをはじめるほうがいいでしょう。

　40代以上でTwitterをしている人は少なく、SNSをはじめるにしてもLINEやFacebookがまず先ということもあり、ほとんどTwitterに接したことがない商店主も多いと思います。
　「実際にはじめるのは億劫だけど、どんな雰囲気か知りたい」という方や、「これから会社やお店の担当者としてTwitterをはじめたい」という方には、『中の人などいない：@NHK広報のツイートはなぜユルい？』（新潮文庫）を読んでみることをおすすめします。
　お店のアカウントであっても会社のアカウントであっても、単に商品

や事業の宣伝をつぶやくだけではフォロワーは増えませんし、シェアもされません。この本からは、@NHK広報初代担当者の方がどのような思いでつぶやいて、多数のフォロワーを獲得し、共感を得たのかがわかり、非常に参考になります。

また、SHARPやタニタのTwitterアカウントも、多数のフォロワーを得ている人気のアカウントです。Twitterのアカウントを持っていなくても、以下に記載したリンクでどのようにつぶやいているかを読むことができます。

・SHARPのツイッターアカウント
　https://twitter.com/sharp_jp
・タニタのツイッターアカウント
　https://twitter.com/tanitaofficial

第8章

ブログでも集客を
はじめたくなったら?

ここまでは何らかのウェブサービスに登録したり、活用したりして自分の商売をアピールする方法を紹介してきました。本章では、自店の商売について、自分について文章を書き、それを読んでもらうことでお店まで足を運んでもらいたいとき、どんなブログサービスを使えばいいのか、どう投稿していけばいいのかについて解説していきます。

8-1 最良の選択は「独自ドメイン＋WordPress」

さまざまな手段がある中で、一番確実で無難な方法とは？

▶ブログをはじめることはウェブサイトを作成することと同じ

「ブログをはじめるにはどの方法を選択したらいいの？」

こうした悩みを抱えている人が多いのか、Googleで検索をするとたくさんの説が表示されます。私がおすすめする形は、「独自ドメインを取得し、レンタルサーバーを借りてWordPressをインストールする」というものです。

第3章で無料ホームページ作成サービスに関して書きましたが、基本的な考え方は同じです。ウェブサイトを作成するつもりがなくても、ブログをはじめるということは、ウェブサイトを作成することとほぼ同じ意味です。そのため、お店の看板であるドメインは借り物のドメインではなく、商売に関連する文字列を吟味して取得していきましょう。

▶独自ドメインを取得する

借り物のドメインというのは、「http://xxxxx.blog.fc2.com/」や「http://xxxxx.blog.jp/」といったブログサービスを提供している会社が提供する、ドメイン＋自分で設定した文字列（xxxxxの部分）で接続する場合の「fc2.com」や「blog.jp」のことです。

ドメインというのは、「yyy.com」という文字列のことを指し、「yyy」

の部分はアルファベット小文字か半角数字で3文字以上で自分の好きな文字列をつけることができます。「.com」の部分はトップレベルドメインといわれ、「.com」「.net」「.jp」など数多くの選択肢の中から気に入ったものを選びます。

ただし、すでに取得されている文字列もあるので、ドメイン登録サービス業者のウェブサイトで空きがあるか確認し、空いているようであれば購入します。

先ほど挙げた「fc2.com」はFC2ブログ、「blog.jp」はlivedoorブログ、それぞれが所有しているドメインです。

自店でいずれはウェブサイトを作成する可能性があるとしたら、検索エンジン対策においての評価ポイントのひとつに「ドメイン取得からの年数」があるので、独自ドメインを取得するに越したことはありません。

さらに、トップレベルドメインの種類が多数あるので、例えば「tako.red」「ika.blue」といった、短くて印象的なドメインを格安で取得することができます（図8-1）。自分のブログのURLを名刺に入れるとき、「×××××.blog.jp」よりも「tako.red（たこレッド）」だったら、相手に口頭でもURLを伝えることができますね。

■図8-1　短くて印象的なドメインを格安で取得できる

ドメイン	価格	
tako.red	¥299	カートに追加
tako.pink	¥399	カートに追加
tako.tech	¥299	取得できません
tako.blue	¥299	カートに追加
tako.work	¥69	カートに追加

▶ドメイン取得とレンタルサーバーの用意をする

　独自ドメインを使う場合は、ドメイン取得とレンタルサーバーの用意が必須です。

　ドメインは、ドメイン登録サービス業者のウェブサイトで購入します。提供している会社はムームードメインやさくらインターネットが代表的です。

　他にも業者はありますが、レンタルサーバーへのドメインの設定を考えると、初心者はこのどちらかから選択するのがいいでしょう。

　価格設定と性能のバランスがよく、経営している商店の紹介やブログ程度の内容ならば、ほとんど問題なく運用することができます。

　よく、アクセスが集中したときのために性能がいいレンタルサーバーやクラウドを利用すべきという方もいますが、安心してください。人気が出てアクセス集中なんてそうそう起こりません。そういう事態になる前に、ほとんどの人が更新をサボったり、ブログの投稿をやめたりします。

　万が一アクセス数が急増したときも、例えばロリポップ！レンタルサーバーでは「同時アクセス数拡張」という機能があります。これは新規申し込みで一般的に選択するスタンダードプランとエンタープライズプランで使えます。

　ドメイン取得と設定の話に戻ると、どちらの業者もそれぞれレンタルサーバーサービスを提供しているので比較的設定が容易です。

　これを、ムームードメインでドメインを取得し、さくらインターネットでレンタルサーバーを借りるといったことをしてしまうと、設定方法の難易度が上がるのでやらないほうが賢明です。

▶当分の間はWordPress一択で間違いなし！

「全世界のウェブサイトのうち、約30％はWordPressでできている」「ウェブページの内容を管理するCMS（コンテンツマネージメントシステム）

■図8-2　圧倒的なWordpressのシェア

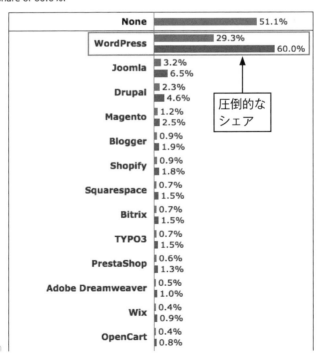

において、WordPressのシェアは約60％」ということをよく聞きます。この事実からも、ブログサイトを立ち上げる際に選択するのはWordPress一択です。

　ウェブサイトを作成する方法が進化するスピードは速く、3年前に主流だった手法が今では時代遅れということが多々ありますが、WordPressは3年前も今も状況は変わりません。他にめぼしい手法がないことから、当面はWordPress一強の時代が続くでしょう。

　図8-2を見てわかるように、次点のCMS、Joomlaのシェアは6.5％と、大きな開きがあります。また、この次点のJoomlaはウェブ上の日本語での解説記事をあまり見かけないので、日本で利用している人はさらに少ない割合であると想像できます。

　一方で、Wordpressは、これだけ利用者が多いので、使い勝手を説明したウェブサイトやブログが数多くあります。万が一、何かトラブルが起こったときにも対応できるウェブエンジニアの数も多いので安心です。
　そして何より、ブログだけ先に運用していて、あとからウェブサイトを作成しようと思ったときでも、Wordpressであれば書いた記事をそのままウェブサイトへと生まれ変わらせることもできるのです。

▶独自ドメインの取得方法

　ここからは、独自ドメイン取得の手順を紹介します。
　ここではGMOインターネットグループのGMOペパボが提供しているムームードメインというサービスで紹介します（他のドメイン取得サービスもおおむね同じ流れです）。

・ムームードメイン
　https://muumuu-domain.com/

ムームードメインは、GMOペパボがレンタルサーバーのサービスであるロリポップ！レンタルサーバーも提供しているので、ドメイン取得とレンタルサーバー契約の流れが比較的スムーズです。

　図8-3がムームドメインのトップページです。
　上部の検索ボタンの横に、取得したいドメインの文字列を入力します。今回は、Googleマイビジネス（My Business）の頭文字「gmb」で調べてみます。

■図8-3　ムームドメインのトップページ

図8-4が検索結果です。かなり取得されていますが、「gmb.tokyo」は取得できるようです。現在かなりの種類のドメインが選択できますが、「.com」や「.net」がある場合、まずはそちらから選択したほうが無難です。これは昔から存在しているので、お客様に対して安心感を与えることができます。

「.xyz」といった変わった文字列は、よほどの理由がない限りは選択しないほうがいいでしょう（図8-5）。

ドメインを選んで、カートへ入れます（図8-6）。

次に、ドメイン設定をします。

「WHOIS公開情報」という画面が出てきます（図8-7）。これは、取得されたドメインは誰が所有権を持っているのかわかるように、問い合わせがあったときに住所、所属、氏名、メールアドレスを登録しておき、調べた人に対してその情報を公開することをいいます。

ドメインの所有者を検索したとき（「WHOIS検索」といいます）、住所と名前が公開されてしまうので、公開したくなければドメイン取得業者の情報を代理で公開するかどうかの設定をします。

■図8-4 「gmb」が使用できるかどうか検索

■図8-5　さまざまなドメインがある

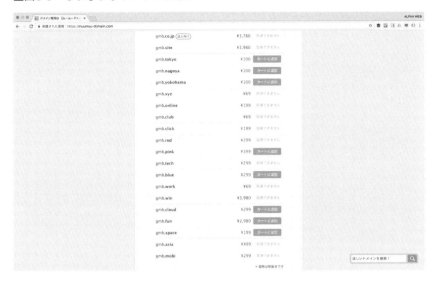

■図8-6　カートに入れる

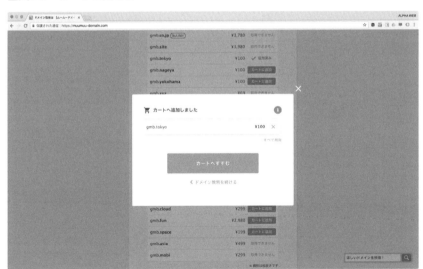

■図8-7 「WHOIS公開情報」の画面

　もうひとつは、ネームサーバーをどうするかの設定です。
　ネームサーバーとは、例えば「https://gmb.tokyo」とアクセスされた場合、どこにあるサーバー（IPアドレス）に誘導するのかを設定する仕組みのことです。同じ業者が用意しているものを利用するのがわかりやすいですが、違う業者のネームサーバーを利用することも可能です。ただし、その場合設定の難易度が高くなります。
　ロリポップ！レンタルサーバーの申し込みも同時にできるようになっています。この他、支払い設定などをして次へ進みます。
　同じ会社が提供しているロリポップ！レンタルサーバーやheteml（ヘテムル）がおすすめされます（図8-8）。

■図8-8　同じ会社が提供しているサービスがおすすめされる

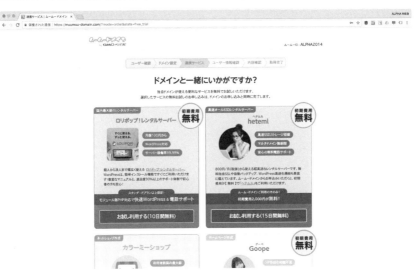

選択した内容を確認し、確定します（図8-9）。

■図8-9　内容を確認し、確定する

ドメインを取得できました（図8-10）。

■図8-10　ドメインが取得できた

▶レンタルサーバーを借りてWordPressをインストールしよう

　WordPressを利用するには、レンタルサーバーを用意する必要があります。

　ドメインを取得したのと同時にロリポップ！レンタルサーバーの申し込みをするのもいいですし、ドメインを申し込んだあとからドメインと別に申し込んで、レンタルサーバーと紐づけることも可能です。

　本書でふれているロリポップ！レンタルサーバーとさくらインターネットには、それぞれWordPress簡単インストールつきの「スタンダード」というメニューがあり、どちらも月額500円程度で借りることができます。

　図8-11がロリポップ！レンタルサーバーの料金メニューです。

■図8-11　ロリポップ！レンタルサーバーの料金メニュー

	エコノミープラン	ライトプラン	スタンダードプラン	エンタープライズプラン
初期費用と月額料金				
無料お試し	10日間	10日間	10日間	10日間
初期費用	1,500円	1,500円	1,500円	3,000円
月額料金	100円	250円〜	500円〜	2,000円〜
ディスク容量	10GB	50GB	120GB	400GB
転送量	40GB/日	60GB/日	100GB/日	無制限
共有SSL	-	✓	✓	✓
ドメイン				
ロリポップ！のドメイン	✓	✓	✓	✓
独自ドメイン	20	50	100	無制限
独自ドメインのサブドメイン	ドメイン毎に10	ドメイン毎に300	ドメイン毎に500	ドメイン毎に500
データベース				
MySQL5	-	1	30	100
SQLite	✓	✓	✓	✓
簡単インストール				
WordPress	-	✓	✓	✓
EC-CUBE	-	✓	✓	✓

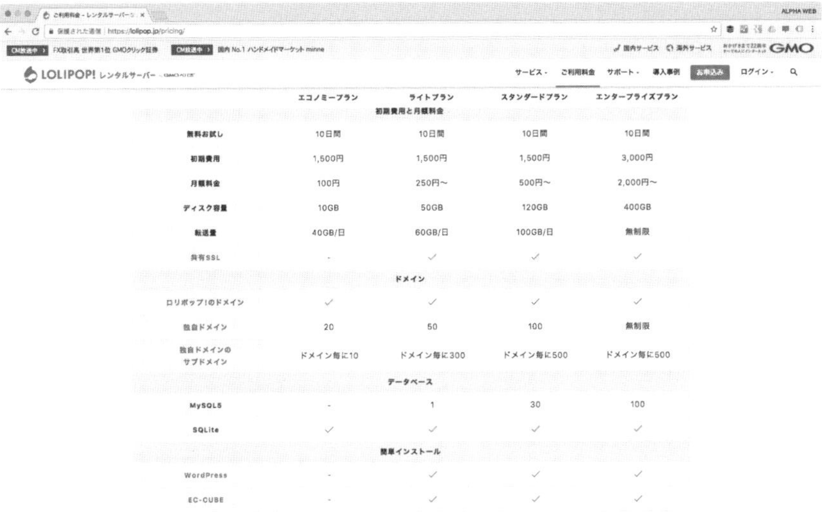

図8-12はさくらインターネットの料金メニューです。

■図8-12　さくらインターネットの料金メニュー

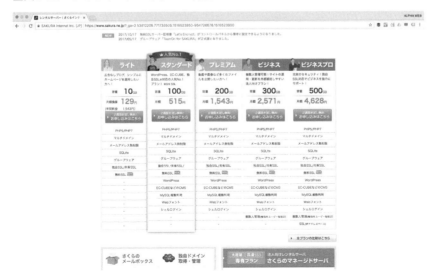

そして図8-13がロリポップ！レンタルサーバーでのWordPress簡単インストール画面です。

■図8-13　ロリポップ！レンタルサーバーでのWordPress簡単インストール画面

このようなWordPress簡単インストール画面から、WordPressをインストールします。

両社ともマニュアル類が充実しているので、PCでソフトウェアをインストールして利用した経験のある方なら、文字通り簡単にインストールすることができます。

インストールしたあとはWordPressの管理画面に移って、ウェブサイトのテンプレートを選択し、ブラウザ上でサイトを完成させます。

テンプレートと表現しましたが、Wordpressでは「テーマ」と呼ばれていて、Googleマイビジネスとは違って、無数にWordpressに登録されています。ご自身の考えるイメージに合ったテーマを選ぶことができます。

WordPressを利用したウェブサイト作成については、その分野に特化した書籍やウェブサイトがたくさんあります。おすすめは『はじめてのブログをワードプレスで作るための本』（秀和システム）です。参考にしてみてください。

8-2 WordPressで挫折した場合、どのブログサービスを選んだらいい？

Wordpressでの作成が難しい場合、ブログサービスを適切に選んで利用しよう

▶ブログサービスを選ぶポイントは？

目的や職業によって、ベストのブログサービスは異なります。

ブログといえばアメーバブログ（アメブロ）を思い浮かべる方も多いと思います。アメブロやLINE BLOGは、主に有名人や芸能人が自分自身をブログでアピールする場所としても活用されています。

個人名でビジネスをしているコンサルタントや講師、セラピストがアピールする場としてアメブロを利用するのはわかりますが、店舗への集客を目的とするなら場違いです。

店舗のオーナーがブログサービスを選ぶポイントを挙げます。

・ブログサービスを選ぶときのポイント
1．独自ドメインが設定できる
2．広告が表示されない（自分の広告は自由に配置できる）
3．https（SSL：通信の暗号化）に対応している
4．AMPに対応している

1の独自ドメインに関しては、前節で書いた通りです。ブログサービスを利用する際もご自身の商売に関係するドメインを取得して使いましょう。ウェブサイトを作るときはそのドメインを利用できます。

そして、独自ドメインを使うことにした時点で有料のブログサービス

を選択せざるを得なくなります。

2の広告とは、ブログサービスによる広告表示です。広告が表示されますが、その広告の収益はブログサービス会社のものとなるのです。自分の儲けにならない広告をブログ内で表示する理由はありません。

3はhttpsに対応していなければ、ブラウザのGoogle Chromeで「保護されていない通信」と表示されます。また、Google検索の結果もhttpsに対応したウェブサイトを優遇していく途上にあります。

4のAMPもGoogle検索に関連します。スマートフォンで表示するときに、表示するまでに時間がかかる原因となる広告表示をなくすなど、軽くしたサイトを「AMP対応したウェブページ」といいます。AMP対応したウェブサイトは検索結果で優遇されます。

▶おすすめは、はてなブログPro

アメブロやLINE BOLGではなく、これらの条件を満たすのは、はてなブログProかFC2ブログといったところでしょうか。

はてなブログProはAMPに対応していますが、httpsには今のところ、独自ドメイン利用の場合は対応していません（2018年2月現在）。FC2ブログはhttpsに対応していますがAMPには対応していません。

はてなブログはhttps対応する予定であることを発表しているので、はてなブログProを利用するのが現時点ではいいと思います。

図8-14は、サンプルとして私が運営するはてなブログProの管理画面の、テーマを選択する操作画面です。WordPressのようにテーマを選択してブログを設定していきます。

はてなブログProは、ブログが10個まで設置できること、アカウント

■図8-14　はてなブログProの管理画面

を複数発行してチームで運営ができること、選択するテーマによっては十分に店舗のウェブサイトとして設定できるものがあるので使い勝手がいいです。

　2年契約にすると月額600円になり、先に紹介したレンタルサーバーのスタンダードプランと変わらない費用となります。そして、先のレンタルサーバーと大きく違う点は、一時にアクセスが集中しても、はてなブログのリソースで対応されるので、アクセスが集中しても表示されなくなるということが起こりにくい点です。

　また、Googleの検索エンジンに記事の更新を伝える仕組みが速く、例えば筆者のブログ記事が公開から20分程度でGoogleにインデックスされるのを確認したこともあります。

　さらに、はてなブログはアクセス数が増えるきっかけとなる、はてなブックマーク（通称はてブ）とも親和性が高いこともプラスポイントです。

8-3 読まれるブログ記事の書き方

ブログを書く場所の準備ができたら、いよいよブログの執筆開始。気負わずにはじめてみよう

▶誰に何を伝えるかを明確にしよう

　本書は、商店主の方がGoogleマイビジネスを中心に、インターネットでどのように情報発信をしていくかをテーマにしています。そして最低限の情報発信は、Googleマイビジネスの「投稿」機能の活用、SNSの利用で十分に可能です。その上でブログをはじめてみたいと思う方は、文章で自分の思いを伝えたいと考えているかもしれません。

　そんな方に、少しでも楽に書いて長続きできるよう、ブログの書き方の心得をお伝えしたいと思います。

　まず、ブログを書く目的をはっきり意識しましょう。
　基本的にお店のブログをはじめる目的は、お店の存在を知ってもらい新規顧客に来店してもらうためと、すでにお店を知っている方、一度来たことのある方に、お店もしくは店主のファンになってもらい再び足を運んでもらう、という2点でしょう。

　では、その目的を達成するための対象はどのような人たちでしょうか。
　つまり、あなたのお店に足を運んでもらいたい人たちは、どのような人たちでしょう。近所のオフィスビルに勤める30代の会社員にランチを食べてほしいのでしょうか。20代の女性に、休日の昼下がりにゆったりとお茶を飲んでほしいのでしょうか。

目的と対象をある程度明確にすれば、ブログのサイト名もおぼろげながら浮かんでくるのではないかと思います。
　先ほどの例でいうと、次のような感じでしょうか。

・カレーは毎日イケル派　新橋カリー食堂○○○○店主の日記
・高円寺ゆるカフェ系○○○○の毎日が休日

　検索エンジンへの対策を考慮して、地名、業種、店名は必ず入れたほうがいいです。ここまでブログの輪郭が決まってくれば、今すぐ書けそうな気がしてきませんか？

▶**書く題材はいくらでもある**

　普段から文章を書き慣れていないと、ブログをはじめたいと思っていても、キーボードを前にして動きが止まってしまうことも多いかもしれません。夏休みの宿題で、8月31日に読書感想文を書かなければと原稿用紙とにらめっこしている記憶がよみがえってきます。
　あくまでこれからはじめるブログは、あなたのお店のためです。基本的に書くことは、あなたが見たり聞いたりしたこと、考えていることで構いません。
　あらたまらないで、書くことのリストを先に作っておけば、その中からその日に書けることを選べるので、「さて何を書くか」と思案する時間を減らすことができます。
　例えば、ブログに書く内容は次のようなこともおすすめです。

・**新しいメニューのこと**
　旬の素材を使ったおすすめメニューを適宜入れ替えているお店も多いと思います。カレーやラーメンのような軽食店であっても、サイドメニューの追加や素材の改良など、毎日ではなくても変化があるはずです。それはお店にとっての大きな話題です。新メニューを導入するときは、

ぜひそれをブログで紹介する時間も作業見積もりに入れ、作成過程を写真に撮り、紹介しましょう。

・**お店の臨時休業や開店、閉店時間の変更**

　お店の情報を店頭の張り紙だけで済ませるお店が結構多いです。しかし、何も知らずにお店に行って張り紙で営業していないことを知ったら、これほどショックなことはありません。近所のお店ならともかく、「久々にあの店に行ってみよう」と、せっかく遠方から訪れたのにお店がやっていなかったとしたら、お客様はもう二度と行ってみたいとは思わないかもしれません。少なくとも、SNSで告知してほしいと思っているお客様は多いと思います。

　臨時休業や開店時間の変更もブログの題材になります。例えば、臨時休業が、「修行中にお世話になったお店の大将の息子さんの結婚式に出席する」という理由だったら、いいストーリーになりませんか？　開店時間が遅くなるのは、親しい友人が会食の場として貸し切りで使ってくれるからだとしたら？　差し支えない範囲でその経緯を書き記してはどうでしょうか。ブログを読む人は、そこから書き手（店主）の人柄を読みとります。ファンを増やすいいチャンスになるのです。

・**お店での出来事**

　来客に関する情報は、相手に書いていいかを確認する必要がありますが、「何があったか」は差し支えない範囲で書けば、お客様に何がよくて何がダメなお店なのかを知ってもらう材料になります。

　例えばお寿司屋さんが、「お子さん連れのお客様がいらして小さめの握りを出したら喜ばれました」というエピソードを紹介すると、読者は「子ども連れOKのお寿司屋さん」「お客様に応じて臨機応変に対応してくれるお店」ということを読みとります。対応できないことは書かないほうがいいですが、なるべくいろいろな要素を書いたほうが読み手に伝わります。

　それとは逆に、子どもが騒いでトラブルになったのであれば、出来事

のみを淡々と記述して、子ども連れはお断りしたいことを正直に書けばいいのです。そう書くことで、来店する側にフィルターがかかり、望まないお客様の来店を減らす効果が出てきます。

・**修行のこと、道具のこと**

　何か商売をされているのであれば、その商売に関して修行されたことと思います。どこのお店でどれくらい修行したか、可能な範囲で少しずつ書き記していくと、どんなことを考えて修行したのか、苦労したこと、うれしかったこと、工夫したこと、あなたのお店がどんな店なのかがわかるいい題材になります。例えば、独特の営業形態が注目されテレビ雑誌で注目された千代田区の未来食堂（http://miraishokudo.com/）は、お店をオープンする前に大戸屋やサイゼリヤで修行した経験をブログに綴っており、とても興味深いコンテンツになっています。中でも、包丁の研ぎ方、選び方は人気記事になっています。

・**食材の仕入れ先のこと**

　飲食店の場合、「こだわっている食材」があると思います。なぜそこから仕入れるのかは、それだけでひとつのセールスポイント、セールストークになります。そこしか扱っていない品揃えがある卸さんや、直接取引している農家や漁師さんがあれば、許可を得た上でぜひ紹介しましょう。漁や収穫のとき、写真を送ってもらえば、いい材料になります。

・**お店の近所のスポットの紹介**

　名所旧跡でなくても構いません。いつも野良猫がひなたぼっこしているシーンのスナップショットでも十分いいと思います。近所のお寺、神社、教会、公園、駅、バス停、何か目印になるものを写真とともにブログに書けば、その地域に愛着を持ってくれる方が増えるかもしれません。見覚えのあるランドマークで、あなたのお店が近くにあることを思い出して訪問してくれる人もいるでしょう。

・イベントごと

　1か月先、2か月先、場合によっては年度単位でカレンダーをチェックして、イベントごとに対して何をするのかスケジューリングしておけば、ついでにそれに関するブログも事前に用意する余裕ができますね。節分、お彼岸、お花見、ゴールデンウィーク、世間が準備をはじめるのに先手を打ってブログを公開できれば、ぎりぎりで焦って写真を撮ったり文章を書いたりして雑になったり、面倒になってやらない、という事態を避けられます。

　定番のイベントになると、ある程度前回の準備が参考になるでしょうし、告知する文章のフォーマットもこなれてくるでしょうから、徐々に準備も慣れてきます。

・季節のこと、天気、気温のこと

　大雪や大雨のとき、近所の行きつけのお店がいつもよりも混雑していたという経験はありませんか？　趣味嗜好が多様化した現在、何かひとつの話題で盛り上がることは少なくなりましたが、大きな天候の変化などは基本的にどの人にも共通の出来事で、同じ行動心理が働くことも少なくありません。そのような天候が予想されるときにお店を開けるのか、閉めるのか、事前に書いておけば助かる人もいます。

　大きな天候の変化でなくとも、雪がちらついた、日差しが強くなった、風が冷たいなど、こまやかな季節の変化を書くのもいいでしょう。

　こうやって題材例を挙げてみると、毎日書けそうな気がしてきませんか？　この他にも切り口はいくつもあるはずです。たまには本業のことをはなれて、好きな映画や音楽の話を書くのもいいでしょう。

▶ 「仕組み化」すれば書くのが楽になる

　ブログサイトのサイト名と書く内容が決まれば、「タイトル」「本文」「写真」を数点用意すれば完成です。この用意するものをある程度ルー

ルづけしていれば、機械的に手と頭を動かせるので、書く時間を短縮することができます。

　それぞれ基本的なルールを紹介します。必ずしもこの通りにすべきということではありません。あなたが書きやすいように、準備しやすいように変更しても構いません。あくまで、効率化して書く時間を短縮するための工夫です。

・**タイトルの文字数とつけ方**

　ブログのタイトルは、Googleの検索対策をするにあたって重要です。図8-15をご覧ください。

■図8-15　ブログタイトルはGoogleの検索結果に反映される

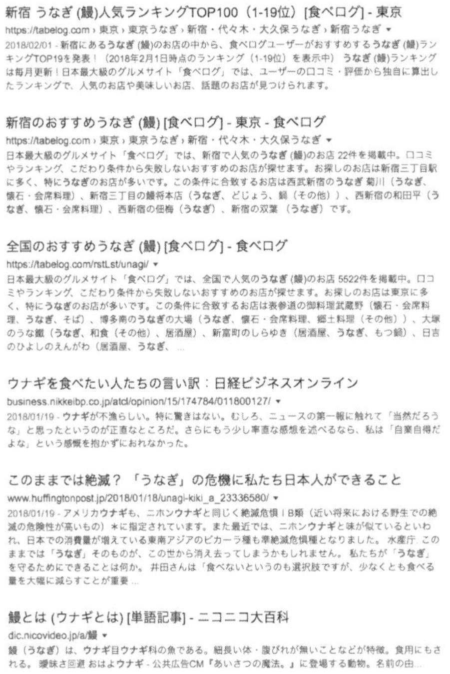

　Googleで「ウナギ」と検索したところ、6件の結果が並んでいます。それぞれの結果の上段、例えば下から2つめ「このままでは絶滅？『うなぎ』の危機に私たち日本人ができること」、これが記事のタイトルです。

　まずタイトルの文字数ですが、Googleの検索結果表示に基づいて設定します。おおむね32〜35文字程度です。記号や英数字を全角にするか半角にするかで多少の違いはあります。また、この文字数をオーバーすると「…」と以降の文字列が省略されます。

　文字数をオーバーしないように、目に見える範囲でタイトルを設定できるように、あらかじめブ

ログを書くファイルに、「123456789012345678901234567890012」と書いておいて、その1行下にタイトルを書いていくと、便利です。

123456789012345678901234567890 1
このままでは絶滅？ 「うなぎ」の危機に私たち日本人ができること

こうすると、字数調整がはかどりますね。
　また、タイトルの書き方は、文章が伝わる上に地名、店名、業種、名詞をちりばめたほうが、Googleの検索エンジン対策に有効です。この例の場合は、「ウナギ　絶滅」「ウナギ　危機」で検索上位にくるように意識してつけられています。

・写真は必ず載せよう

　とりたてて美しい写真ではなくても、伝えたいことがひと目で伝わるのが写真です。スマートフォンのカメラの機能が格段によくなり、普通に撮っている分には問題なく掲載できるレベルの写真が撮れるようにもなりました。
　仕入れてきた魚、野菜、試作したメニュー、ブログの記事の導入につながる写真は必ず載せましょう。
　自分が食べたまかない飯、スタッフの笑顔、日なたでくつろぐ猫、何でもないお店の日常は、あなたにとってはいつも目にしている変わらない日常かもしれません。しかし、お店のファンにとっては頬が緩むようないい息抜きになるかもしれません。
　何か少しでも気になることがあったとき、スマートフォンで写真を撮って記録に残すのが習慣になると、ストックがたまってきて、あのとき撮った写真が使えるなといった機会も増えてきます。
　定番の写真の使い方として、ブログ記事に読者を引き込むために、ブログタイトルのすぐ下に写真を配置する手法があります。ここに使う写真を「アイキャッチ画像」といいます。余裕があれば、Adobe Lightroom CCという画像編集アプリがiPhone、Androidどちらにもあり、無料で

■図8-16　Adobe Lightroom CCでの画像編集

利用できるので、使ってみるといいでしょう。

　スマートフォンアプリの他、PCでは、Canva（https://www.canva.com/）のような無料で使えるデザイン作成サイトがあるので、文字を載せたり、レイアウトに凝ったりするのもいと思います。

　Macを使っている方は、もともとOSに付属している「写真」という、撮影した写真を管理するソフトでかなり高度な画像の補正や編集ができるので、利用しない手はありません。「明るさが足りない」などと自分が失敗したと思った写真でも、調整により十分使えるものになることがあります。

・**本文に気合いを入れすぎない**

　書くことを決めて、タイトルをつけて、アイキャッチの画像が決まれば、自然と文章が浮かんでくると思います。慣れるまでは「てにをは」や文末表現（ですます調）、起承転結や序破急といった、作文教室で習ったような言葉が頭に浮かんでも、とりあえず気にせず書きはじめてみましょう。

　タイトルを読んで、写真を見て、さらに文章を読んでみようという人は、名文を読みたいからサイトを訪れているのではなく、どんな店なのか、どんな店主なのか、何があったのかを知りたいだけなのです。

続けていく内に、ウケる文章、ウケない文章の違いがわかってきます。余裕が出てくると、かっこよく見せたくなり、体裁を整えたいとも思うようになってきます。そうなったら、あらためて文章をうまく書くためのサイトや本で学べばいいのです。

　文章の長さに関して、書き慣れなていないうちは、とりあえず400字、原稿用紙1枚分程度は書こうといった意識でいいでしょう。慣れてくれば、400字くらいはすぐオーバーするようになります。

　ちなみに、テンプレートとして、はじめの文章と締めの文章を決めておくと、書き出しと締めの文章で苦労しません。例えば、次のような感じです。

・はじめの文章
「いらっしゃいませ。吉祥寺のこだわり洋食店主・タクローです。さて、今日は……」
・締めの文章
「おつき合いありがとうございました。次は、ぜひお店で会いましょう。タクローでした。」

　テレビやラジオ番組のオープニングとエンディングと同じです。ブログに訪れる人は、あなたのお店の名前や店主のあなたの名前を知らない人も少なくありません。逆に、繰り返すことで、どこにある何のお店かを読者の頭に刷り込む効果もあります。

　ブログの書き方についてもっと詳しく学びたい方は『世界一わかりやすい　ブログの教科書　1年生』（ソーテック社）、何を書けばいいのかの整理が苦手な方は『何を書けばいいかわからない人のための「うまく」「はやく」書ける文章術』（日本実業出版社）がおすすめです。参考にしてみてください。

Column 音声入力は試してみる価値あり

ブログに「何をどう書けばいいのか」とは別に、PCでの効率的な書き方も身につけましょう。

普段、PCを立ち上げて仕事をする人は、ブラウザを起動してWordpressを設定したサイトにログインすれば、あとはポチポチとキーボードをたたいていくだけです。

しかし、店主として忙しい毎日のため、普段はスマホやタブレットを使っており、PCを使う日は週に何日、月に何日といった頻度の方もいらっしゃると思います。

わざわざブログを書くためにPCを立ち上げてキーボードを叩くのは面倒だという方のために音声入力の方法を紹介します。

何か新しいモノを購入しなくても大丈夫です。大多数の方は、すでにお持ちのスマートフォンで音声入力をはじめることができます。

iPhoneやiPadをお持ちの方は、入力をするときに左下の地球マークの右にマイクのマークがあるのをご存じですか？　こちらをタップするだけで音声入力をはじめることができます。

図Kは、メモアプリを立ち上げて、マイクのマークをタップし、「おんせいにゅうりょくをためしてみる」と話しかけたところです。

図Lは、ブラウザでWordpressの投稿画面を表示して入力開始したところです。基本的に、入力を受けつけるアプリであれば、何でも音声入力が可能です。

音声入力に関しては、単純に話したことが入力されるだけでなく、句読点も「てん」「まる」といえば、きちんと「、」「。」に変換されます。

括弧も、「かっこ、かっことじ」と話せば、『「」』と変換されます。

■図O 「メモ」アプリを音声入力で試す

■図P Wordpressに音声入力で投稿する

行替えは「改行」といえば大丈夫です。

　音声認識の精度もかなり高いので、実際にブログを書くかどうかは向き不向きもあるかもしれませんが、一度試してみてほしい機能です。
　iPhoneとiPadでの音声入力に関して紹介しましたが、MacOSでも音声入力が可能です。また、Androidでも入力時のマイクボタンのタップで音声入力が可能です。こちらでは、句読点の認識ができないようですが、句読点の認識をする音声入力アプリもあるようです。

おわりに

　本書を最後までお読みくださり、ありがとうございました。
　Googleマイビジネスに関する本として、とりあえず一歩踏み出せるための情報は網羅したつもりです。
　「物足りなく感じ、本格的にはじめたい」という方は、ウェブ上の情報や他の書籍にあたってみるのもいいかと思います。

　本書で執筆にあたって掲載している画面は、実際に存在する会社やお店のものを使わせていただいています。この場を借りてお礼申し上げます。
　順不同で、新宿区高田馬場のシェアオフィス＆コワーキングスペースCASE Shinjuku・森下ことみさん、田中健一郎さん、新宿区西早稲田三丁目の愛国製茶株式会社馬場章夫社長、焼き鳥・鳥でん店主小堀裕平さん、和バル処えんじ・店長石川輝昌さん、口中ズルムケBARお前まん丸やん！・山西英一郎さん、箕形修さん、伊藤拓さん、奈良市のらーめん春友流・佐藤店主、ありがとうございました。

　本書は『ブログ飯』（インプレス）でおなじみの染谷昌利さんのDMMオンラインサロン「ギガ盛りブログ飯」に私が参加したことがきっかけで、染谷さん監修にて日本実業出版社編集部のもとに企画が持ち込まれ、とんとん拍子に出版企画が採用されました。人の縁とスピード感ある仕事っぷりに感謝いたします。

　最後に、なぜ私がGoogleマイビジネスの本を書いたのかというと、ローカルSEO（地域名＋キーワードで検索したときの検索結果の最適化）に興味がわいたからです。高田馬場や西早稲田は商店の入れ替わりが激しく、人知れず消えていく店もある中で、地域の名店を知ってもらいたいし、そして続いてほしい、と思ったことも、本書を執筆する背中を押

してくれました。

　SNSやブログは、はじめるまでに手間がかかったり、はじめてもなかなか続けるのが大変だったりしますが、Googleマイビジネスは登録するだけで、検索した人の画面に表示されるのでやらない手はありません。
　本書をきっかけに、インターネットでの情報発信をはじめて、お店の存在をアピールしていただけるのならとてもうれしいです。

　2018年3月

戎井一憲

監修に寄せて

「渋谷　ラーメン」「南青山　美容室」「神保町　ラーメン」……。スマートフォンでGoogle検索をする度、一番上に表示されるお店たち。

一昔前の検索結果といえば広告が最上部に表示され、続いてお店の公式サイト、Rettyや食べログなどのグルメメディア情報、一般人のブログ記事が上位に表示されることが当たり前でした。それがいつの間にか、Googleが提供する位置サービス情報が一番上に表示されるようになりました。

地域とジャンルで検索するだけで、店名や場所、電話番号や営業時間などの情報が表示され、経路をタップすればGoogleマップでナビ機能と連動し、お店まで案内してくれる。なんと便利な時代になったのでしょう。このシステムは、今までのネット集客とは一線を画した価値があると感じました。

私は小さなお店を経営するオーナーや店長にインターネット集客の方法を教える仕事もしていますが、すべてのお店が資金を潤沢に持ち、ネットに詳しいわけではありません。むしろ資金に余裕がない、ネットに詳しくないお店の方が多いです。

可能な限り安価で、シンプルで、効果が見込めるインターネットサービスはないものか。常々、そのことを考えていたところ、私の運営するオンラインコミュニティに、著者である戎井一憲さんが入会してきました。

なんと、戎井さんは私が使い方を模索していたGoogleマイビジネスの

専門家でした。この不思議なご縁から、『儲かる飲食店に変わる「Googleマイビジネス」超集客術』は生まれました。

　私と戎井さんのご縁からはじまったこのプロジェクトは、日本実業出版社の編集者のみなさんの熱意で、晴れて書籍として世の中に生み出されることになりました。でも、我々の目的は出版されることではありません。書籍を手にとって、読んでいただいたあなたのお店の売上を上げることが最終的なゴールです。

　数多の中から、この本に可能性を感じて手にとってくれたご縁を大切に、そして少しでもあなたのお店の未来が明るくなるお手伝いができたら、これほどうれしいことはありません。

2018年3月

染谷昌利

戎井一憲（えびすい　かずのり）

株式会社ALPHA代表取締役。1970年生まれ。奈良県出身。早稲田大学第二文学部卒。大学卒業後、月刊誌の編集に携わったのち、システム開発会社にて、電子出版物のオーサリング、Webシステム（業務システム）の構築、Webサイトの制作の企画・設計から開発、リリースまで多数にかかわる。2012年独立。スマホアプリ開発のかたわら、これまで培ったWebサイトやスマホアプリの制作、SEO対策のノウハウをブログで発信している。近年は飲食店など実店舗で商売をする業種を中心に、「お金をかけずに効果を出すWebマーケティング」の方法をわかりやすく指導し、好評を博す。2016年からは、中小企業庁が提供する中小企業・小規模事業者をサポートするサイト「ミラサポ」で、IT、Webでの販促・集客分野の専門家としても活躍中。

監修

染谷昌利（そめや　まさとし）

株式会社MASH代表取締役。1975年生まれ。埼玉県出身。12年間の会社員生活を経て、インターネットからの集客や収益化、アフィリエイトを中心としたインターネット広告の専門家として独立。ブログメディアの運営とともに、書籍の執筆、企業や地方自治体のアドバイザー、講演活動も行なう。AllAboutアフィリエイトガイドとしても活動中。著書に『ブログ飯』（インプレス）、『世界一やさしいアフィリエイトの教科書1年生』『Google　AdSense成功の法則57』『世界一やさしいブログの教科書1年生』（以上、ソーテック社）など多数。

儲かる飲食店に変わる
「Googleマイビジネス」超集客術

2018年4月1日　初版発行
2019年9月20日　第2刷発行

著　者　戎井一憲　©K. Ebisui 2018
監修者　染谷昌利　©M. Someya 2018
発行者　杉本淳一

発行所　株式会社日本実業出版社　東京都新宿区市谷本村町3-29 〒162-0845
　　　　　　　　　　　　　　　　大阪市北区西天満6-8-1 〒530-0047
　　　　編集部　☎03-3268-5651
　　　　営業部　☎03-3268-5161　振　替　00170-1-25349
　　　　https://www.njg.co.jp/

印刷／壮光舎　　製本／共栄社

この本の内容についてのお問合せは、書面かFAX（03-3268-0832）にてお願い致します。
落丁・乱丁本は、送料小社負担にて、お取り替え致します。

ISBN 978-4-534-05576-7　Printed in JAPAN

日本実業出版社の本

7つの超低リスク戦略で成功する
飲食店「開業・経営」法

繁盛店を真似しても儲からない！　出店・店舗規模・店舗設計・メニュー・財務・販売促進・人材といった飲食店「開業・経営」戦略にまつわる7つのリスクを抑える方法を伝授。開業希望者はもちろん、すでに経営している人にも役立つ、成功するためのノウハウ。

井澤岳志 著
定価 本体 1600円（税別）

500店舗を繁盛店にしたプロが教える
3か月で「儲かる飲食店」に変える本

「何屋さんなら当たる？」「儲かる業種や業態は何だろう？」などの発想では儲かる店にはなれない。経営がうまくいかず飲食店に向けて、繁盛店になるための発想と具体的手法が満載！

河野祐治 著
定価 本体 1600円（税別）

これだけは知っておきたい
儲かる飲食店の数字

FLRコスト（原価＋人件費＋家賃）の適正値、損益分岐点売上の出し方、利益を生むメニューの作り方など、儲かる飲食店になるために必須な「数字の読み方・出し方・活かし方」をやさしく解説。

河野祐治 著
定価 本体 1400円（税別）

ホームページの制作から運用・集客のポイントまで
小さな会社のWeb担当者になったら読む本

専門知識を持たない小さな会社が「売上につながる」Webサイトをつくるために、基本デザインからSEO、Web広告、SNSの使い方、業者の選び方や適正費用の判断基準まで、現実的な施策を解説。

山田案稜 著
定価 本体 1600円（税別）

定価変更の場合はご了承ください。